海南文獻叢刊：方志一

海南方志資料綜錄

A Collection of
Hainan Local Gazeteer Materials

王會均著

文史哲出版社
印行

國立中央圖書館出版品預行編目資料

海南方志資料綜錄 = A Collection of
Hainan local gazeteer materials / 王
會均著. -- 臺北市：文史哲，民83
　　　面：圖，表格；21公分. --（海南文獻
叢刊. 方志；一）
參考書目
含索引
ISBN 957-547-894-0(平裝)：新臺幣380元

1. 海南省--方志--論著. I. 王會均著.
II. 叢書名.

673.71　　　　　　　　　　　　　83009794

海南方志資料綜錄

著　者：王　　會　　均

出版者：文　史　哲　出　版　社

登記證字號：行政院新聞局局版臺業字五三三七號

發行人：彭　　　　　正　　　　　雄

發行所：文　史　哲　出　版　社

印刷者：文　史　哲　出　版　社
台北市羅斯福路一段七十二巷四號
郵撥〇五一二八八一二彭正雄帳戶
電話：三　五　一　一　〇　二　八

中華民國八十三年十月初版

實價新台幣三八〇元

海南方志資料綜錄

目　次

王會均編纂

海南文獻叢刊

吳大猷題

本叢刊承

中央研究院前院長

吳資政大猷博士題簽

謹此致謝

海南文獻叢刊龔序

　　海南（舊名瓊崖）孤懸海外，為我國南疆國防之重要屏障，世人固知之諗矣，而其礦藏之豐富，土壤之膏沃，教育之普及，民俗之淳厚等等，則鮮為世悉。鼎革以還，南中及國內各界名流，曾聯名條陳建省，北伐統一，鄉人宋子文陳策諸人復大力倡議開發，喧騰一時，遂為世所矚目，因而私人旅遊觀光者有之，組隊探究考察者有之，建教機構之提綱調查，專業團體之特定撰述，林林總總，不一而足，撰述之項目雖殊，開發之主張則一，其受各方人士之重視，已可概見，而珠璣文章，亦可列為地方文獻而無愧。

　　緬維吾人有維護文獻之義務，尤有發揚光大之責任，民初之際，海口海南書局曾收集邱文莊、海忠介二公與諸前賢之學術著作從政書疏與文稿，都三十餘種，編印為海南叢書行世，此舉對顯彰前賢，啓迪後學，與夫保存文獻各方面，厥功甚偉，惜乎連年兵燹，多遭戰火而燬失，今能倖存者，想已無幾矣。

　　本邑王君會均，青年有為，對於方志典籍以及地方文獻等卷帙，搜存尤為用心，前曾刊行《海南文獻資料簡介》一書，甚得佳評，今特將多年收藏之四百餘種有關海南文獻典籍中，擇其精要，作有系統之整理，編成「海南文

獻叢刊」，而將次第印行，冀保文獻於久遠，作開發之津梁，復可供邦人君子暨中外學者作研究海南種種問題之參考，一舉數得亦可免珠沉滄海，玉蘊深山而不得用世焉。

　　　　中華民國七十五年（丙寅）十二月行憲紀念日　龔少俠

海南特別行政區圖

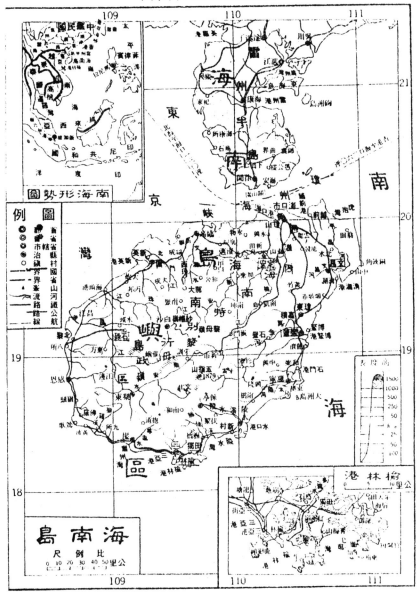

南海四沙群島全圖

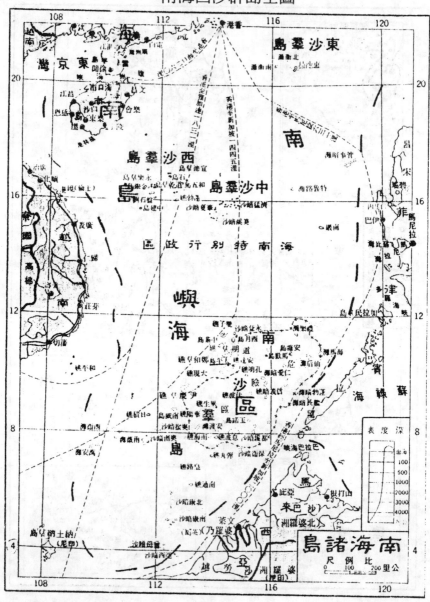

海南特區全屬名稱

海南十六縣一市名稱：

瓊山　文昌　定安　澄邁

樂會　瓊東　萬寧　陵水

崖縣　臨高　儋縣　昌江

感恩　白沙　樂東　保亭

海口市

海南附屬四島嶼名稱：

東沙羣島　　西沙羣島

南沙羣島　　中沙羣島

自　序

　　夫方志者，地方志書之簡稱也。乃一個地方之〈百科全書〉，或一地方之〈古今總覽〉。係以地方為單位，依一定之體例，纂記其歷史及人文地理之誌書。

　　更具體地說，方志紀事之要目，誌地理者：沿革、疆域、面積、分野，誌政治者：建置、職官、兵備、大事記，誌經濟者：戶口、田賦、物產、役稅，誌社會者：風俗、方言、寺觀、祥異，誌教育者：學制、書院、學堂、學田，誌文獻者：人物、藝文、金石、古蹟。

　　方志屬地域性文獻史料，其內容悉以當時地方之史蹟為主，且多直接取材於檔冊、案牘、函札、碑碣。是故分量之豐、內容之精、價值之隆，逾於珍璧，其足資徵信程度，更非吾人意想所難及者，又豈能漠視其重要性。於是顯見，方志在史籍中所扮演之重要角色，暨不可泯滅的存在價值。

　　海南方志之纂修，緣自晉代《珠崖傳》肇始，中經宋、元、明而繼之，迨清一代，修志風尚鼎盛，其牒本極為豐碩。由於年代久遠，保藏維護非易，間被水漬或蟲害，抑遭兵災或火焚，致藏版湮滅，梓本散佚，於是廣傳存世者，雖卷帙稀少，唯被視為珍寶。

　　海南方志，乃取其通義所泛指之志書，包括：地理志

、一統志、通志、府志、州縣志、鄉土志、採訪冊、外紀
、傳錄、圖經，共一一七種。於今國內外圖書館暨文教單
位庋藏者，計有：手稿本、原刻本、重（補）刊本、抄本
、傳鈔本、石印本、鉛印本、油印本、影（重）印本（列
注所據母本），共四十九種。

　　本《海南方志資料綜錄》，係採體裁與內容兼顧配合
原則，計分：〈海南方志總目錄〉、〈海南方志知見錄〉
、〈海南方志待訪錄〉三大部分（曾先後在紀念論文集，
暨學術性刊物上公開發表，深獲學術界及邦人君子讚譽與
佳評）。其資料力求全備，著論力求綱目簡明有序而系統
化，俾構成完整體系，以供治〈海南史〉學者參考。

　　本綜錄之有成，實賴香港中文大學生物學研究所（博
士候選人）曹　暉先生協助蒐集資料，方志學家高志彬先
生，提供寶貴意見及資料，以及文史哲出版社彭正雄先生
，不計血本，鼎力協助發行，無勝銘感。同時內人邱美妹
女史，全力支持，於撰著期間，陪伴照料，極備辛勞，無
怨無尤，特致謝忱。今逢小犬王家昌生辰，適值高中畢業
，並考取國立臺灣大學化學工程學系之喜，謹以此書爲禮
，聊表賀忱。

　　　　　王會均　謹識於國立中央圖書館臺灣分館
　　　　　　　　中華民國八十三年甲戌中元

凡　例

一、本綜錄採體裁與內容兼顧配合原則，計分：總目錄、
　　知見錄、待訪錄三大部份，力求全備而系統化，俾構
　　成完整體系。

二、本綜錄所稱海南方志，乃取一般通義所泛指之志書。
　　包括：地理志、一統志、通志、府志、州縣志、鄉土
　　志、採訪冊、外紀、傳錄、圖經等十類。

三、本綜錄之輯錄，除地理志、一統志、通志外，以單行
　　本爲範疇，國內外圖書館暨文教機構藏板爲主，私人
　　秘藏者爲輔。

四、本綜錄譔著方法，除仿〈中國編目規則〉，暨參考標
　　準書目基本格式外，各志書所著錄之款目，依次：編
　　號、書名（卷數）、纂修（校補）者、纂修年代、刊
　　行項、版本（存佚）、附註、提要（未親閱其書者省
　　略）、庋藏者。

五、本綜錄所輯各志書前端，皆有編號（由四位數字組成
　　），各類目自行起迄。其刊版年次，係採中國紀元，
　　並在括號中加記西元年代，以利查考。

六、本綜錄係著者於服公餘暇，從事蒐集、整理、審校、
　　纂著等工作，由於公務繁忙，才疏學淺，且受時空限
　　制，而資料疏漏或分類欠當，必亦難免，敬請學者專
　　家暨邦人君子，以及廣衆讀者指正。

壹、海南方志總目錄

　　海南古名珠崖，亦名瓊臺，或稱瓊州，抑曰瓊崖，簡稱瓊。於唐虞三代爲揚越荒徼，秦末乃南越（象郡）外域。漢置珠崖、儋耳二郡，統轄五縣。晉隸合浦郡，督於交州。宋、齊、梁、陳，至隋之間，略有變更。唐立崖、儋、振三州，迄宋廢崖州，倂入瓊州，屬廣南西路。元稱瓊州，明初升瓊州爲府，以儋、萬、崖爲屬州，改隸廣東省。清因之，置瓊崖道，共十三縣。民國肇造，其縣仍舊，於民國二十五年（1936）一月，廣東省政府咨內政部轉呈行政院核准，設置樂東、保亭、白沙三縣（於今尚無志書）。

　　海南方志之纂修，其源流久遠，見載於文獻典籍，有史料足資稽考者，緣自晉代蓋泓纂《珠崖傳》（一卷）肇始，中經宋、元、明、清四代，所葺志書頗多。尤以遜清一代，修志風尚鼎盛，其牒本豐碩，由於年代久遠，保藏維護非易，間被水漬或蠹蛀所害者在所難免，抑遭兵燹或火災焚毀，致藏板湮沒，原本散佚者必亦有之，於是廣傳於世者，雖然卷冊稀少，唯被視爲珍寶。

　　海南方志，乃取其通義所泛指之志書，包括：地理志（三種）、一統志（五種）、通志（八種）、府志（十一種）、州縣志（七十五種）、鄉土志（三種）、採訪冊（

一種）、外紀（三種）、傳錄（三種）、圖經（五種），共一一七種。於國內外圖書館暨文教機構庋藏者，計有：手稿本、原刻本、重（補）刊本、抄本、傳鈔本、鉛印本、石印本、油印本、影（重）印本（列注所據祖本）。

　本《海南方志總目錄》，採體裁與內容兼顧配合原則，計分：地理志、一統志、通志、府志、州縣志、鄉土志、採訪冊、外紀、傳錄、圖經等十大類。其編著方法，係仿〈中國編目規則〉，暨參考標準書目基本格式。所著錄之款目，依次：編號、志書名、纂修人、刊版年、刊本、存佚、附註。於刊版年次，係採中國紀元，並在括號中加記西元年代，以利查考。

一、地理志

A0101

【元和】郡縣圖志　瓊州（佚）　唐・李吉甫奉敕修

　　楊家駱〈四庫大辭典〉（頁二二一）刊載：

　　　元和郡縣志　四十卷　唐李吉甫撰

　　　　聚珍版本、閩刊本、岱南閣刊本、江寧刊本、廣東刊本～地理

　　呂名中〈南方民族古史書錄〉（頁三十九）載：

　　　元和郡縣圖志　四十卷　唐李吉甫撰

　　　清武英殿聚珍版本　　四庫全書本

　　　岱南閣叢書本　　　　畿輔叢書本

　　　叢書集成初編本　　　清光緒六年金陵書局本

　　　中華書局一九八二年賀次君點校本

按《元和郡縣圖志》，亦名《元和郡縣志》。於卷三十四（嶺南道一）載：嶺南道嶺南節度使理所，轄州二十二。內以屬管「崖州、瓊州、振州、儋州、萬安州」（各州分別著錄：沿革、州境、里至、貢賦、管縣等五目。然原志各刊本，均缺卷三十五、卷三十六，於是主要內容，未悉其詳，殊深憾惜），皆今海南境地。

唐元和六年（811）奉敕修

唐元和八年（813）上進

明鈔本（朱校）　存卷一至卷十七　四冊

清孫星衍校嘉慶元年（1796）陽湖孫氏校刊岱南閣叢書本（原書四十卷，傳本缺卷十九、二十、二十三、二十四、三十五、三十六，共六卷）

清武英殿聚珍本

清文淵閣四庫全書本（存四十卷）

民國七十四年（1985）臺灣商務印書館（據文淵閣四庫全書本）影印本（第四六八冊）

清畿輔叢書本

清叢書集成初編本

清光緒六年（1880）金陵書局刊本

清光緒十三年（1887）李宗蓮、朱墨手校　舊鈔本（存三十四卷八冊，缺卷十九、卷二十、卷二十三、卷二十四、卷三十五、卷三十六，凡六卷）

清舊鈔本（存三十四卷八冊，缺卷十九、卷二十、卷二十三、卷二十四、卷三十五、卷三十六，凡六卷）

清范品金手鈔本（存三十四卷十冊，原缺卷十九、

卷二十、卷二十三、卷二十四、卷三十五、卷三十六，凡六卷）

中華書局一九八二年賀次君點校本

A0102

【元豐】九域志　瓊州（卷九　廣南路西路）

宋・王　存奉敕修

楊家駱〈四庫大辭典〉（頁二二一）刊載：

元豐九域志　十卷　宋王　存撰

德聚堂刊本　　聚珍版本　　閩刊本

乾隆四十九年馮氏刊本

李目有抄二十四卷本　　　　傳是樓有影宋本

金陵書局本～地理一

呂名中〈南方民族古史書錄〉（頁六十一）載：

元豐九域志　十卷　　宋王　存等撰

傳是樓影宋本　　　　四庫全書本

武英殿聚珍版本　　　乾隆四十九年馮氏刊本

青芝堂影宋本　　德聚堂刊本　　盧氏鈔本

閩刊本　　　江寧局本　　　廣州局本

叢書集成初編本

中華書局一九八四年王文楚、魏嵩山點校本

按《元豐九域志》（凡十卷），係從宋刻本抄得，並採各刊本參校，諸如：江南書局所進本、浙江書局所進本、嘉定王氏本、崑山徐氏所藏宋槧本。

宋熙寧八年（1075）奉敕刪定

宋元豐三年（1080）閏九月書成

宋元祐元年（1086）刊刻

明錫山氏雁里草堂烏絲闌鈔本（坊賈增訂）　二冊

清乾隆間寫文淵閣四書全書本　七冊

清乾隆間武英殿聚珍本　十冊

清翻刻殿本

清乾隆四十九年（1784）桐鄉馮集梧刊本

民國五十一年（1962）文海出版社（據馮氏刊本）影印本

清乾隆五十三年（1788）德聚堂刊本

清乾隆年間刊本

清光緒八年（1882）金陵書局刊本

中華書局一九八四年王文楚、魏嵩山點校本

A0103

【康熙】古今圖書集成方輿彙編職方典　瓊州府部十二卷（卷一三七三～一三八四）　清・陳夢雷編纂

按《古今圖書集成》，凡一萬卷。於清康熙四十年（1701）開纂，迨康熙四十五年（1706）告成（貯於武英殿）。

清雍正六年（1728）銅活字本

清光緒二十年（1894）石印本（據銅活字本石印）

民國二十五年（1936）上海中華書局縮印本（據銅

活字石印本縮印）

　　民國五十三年（1964）臺北文星書局影印本（據上
海中華書局縮印本影印）

　　民國六十六年（1977）臺北鼎文書局影印本（據上
海中華書局縮印本影印）

　　清光緒十年（1884）圖書集成印書局排印本（扁體
鉛字）

二、一統志

A0201

大元大一統志　瓊州　（佚　卷次未詳）
元‧孛蘭肹奉敕修

　　呂名中〈南方民族古史書錄〉（頁九十六）刊載：

　　　元一統志　　元‧孛蘭肹等撰

　　　遼海叢書殘本　　　玄覽堂叢書殘本

　　　中華書局一九六六年趙萬里校輯本

　　按《大元大一統志》，凡一千三百卷。原書曾於元
順帝至正六年（1346）付梓刊行，佚傳於明代。今僅有
〈玄覽堂叢書續集〉所收殘本三十五卷，金毓黻所輯《
大元大一統志》殘本十五卷，輯本四卷，趙萬里輯《元
一統志》十卷，流傳於世。

　　元至正七年（1347）杭州刊本　北平（殘存五卷二
冊）

清袁氏貞節堂鈔本（玄覽堂叢書續集）　中圖（殘存三十五卷四冊）

民國六十八年（1979）臺北正中書局影印本（據中央圖書館藏〈玄覽堂叢書續集〉袁氏貞節堂鈔本影印）

清海虞瞿氏鐵琴劍樓烏絲欄精鈔本　北平（殘存九卷二冊）

清金毓黻校〈遼海叢書第十集〉遼海書社鉛印本臺灣師大（殘存三十五卷）

民國十年（1921）朱良士校新鈔本　美國國會圖書館（殘存八卷二冊一函，十行二十字）

A0202

大明一統志　瓊州府（卷八十二）（明）李　賢奉敕修

按《大明一統志》（九十卷），係明英宗（重祚）命李賢等人敕修，始於天順二年（1458），書成於五年（1461）奏進。

呂名中〈南方民族古史書錄〉（頁一○五）刊載：

大明一統志　九十卷　　明・李　賢等撰

嘉靖三十八年歸仁齋重刊本　三十冊

明萬壽堂刊本　三十六冊

清印本　二十冊（北京圖書館藏）

日本東京師出林弘章堂本

明天順五年（1461）內府刊本

民國五十四年（1965）八月臺北永和文海出版社影

印本（據國立中央圖書館藏天順五年內府刊本影印）精
十冊

　　明弘治十八年（1505）慎獨齋刊本

　　明嘉靖三十八年（1559）歸仁齋刊本

　　明萬壽堂刊本

　　明萬壽堂刊清初剜改重印本

　　明積秀堂刊本

　　日本正德三年（1713）弘章堂刊本

A0203

【雍正】初修大清一統志　瓊州府　一卷（卷二八六）
　　　清・蔣廷錫等奉敕纂修

　　按《雍正　大清一統志》（初修本），自清康熙二
十五年（1686）奉敕纂修，雍正三年（1725）奉敕重纂
，迨乾隆五年（1740）十一月完稿，乾隆八年（1743）
陳悳華等上表進呈，乾隆九年（1744）武英殿付梓刊行

　　清乾隆九年（1744）武英殿刻本（一〇八冊）

　　　臺北故宮藏（原係清景陽宮舊藏）

　　清道光二十九年（1849）陽湖薛子瑜活字排印本（
未見藏版）

　　清光緒年間杭州竹簡齋石印本（未見藏版）

　　　據張元濟〈嘉慶重修一統志跋〉云：汪穰卿筆記
　　　　斥杭州竹簡齋縮印康熙修本，變亂卷等。

　　案：臺灣總督府圖書館，原藏清光緒丁酉（二十

　三年）杭州竹簡齋石印之《大清一統志五百
　卷》，係乾隆續修本，未悉竹簡齋曾有石印
　初修、續修二種，抑汪穰卿筆記有誤，尚待
　方家查考。

A0204

【乾隆】續修大清一統志　瓊州府　一卷（卷三五〇）
　清‧和　珅等奉敕纂修

　　按《乾隆　大清一統志》（續修本），清乾隆二十
九年（1764）十一月奉敕續纂，於乾隆五十年（1785）
十二月完稿，由和珅領銜上表進呈，未刊。迨乾隆五十
四年（1789）正月，紀昀等校呈收入「四庫全書」。民
國七十四年（1985）臺灣商務印書館，據臺北故宮藏文
淵閣四庫全書寫本影印（瓊州府列於第四八二冊）。

　　清乾隆五十四年（1789）文淵閣四庫全書寫本

　　民國七十四年（1985）臺灣商務印書館影印本（據
故宮藏文淵閣四庫全書寫本影印　）

　　清光緒二十三年（1896）杭州竹簡齋石印本

　　清光緒二十七年（1901）上海寶善齋石印本

　　清光緒二十八年（1902）上海寶善齋石印本

A0205

【嘉慶】重修大清一統志　瓊州府　二卷（卷四五二～
　卷四五三）　清‧穆彰阿　永　瑢等奉敕纂修

按《嘉慶　大清一統志》（重修本），清嘉慶十六年（1811）奉敕重修，於清道光二十二年（1842）十二月寫定，由國史館總裁（大學士）穆彰阿上擢奏聞，進呈本原藏於國史館，終清之世未及付雕。迨民國十五、六年（1926～1927）間，上海涵芬樓據「清史館」藏進呈寫本攝照，於民國二十三年（1934）影印行世，題名《嘉慶重修一統志》，收入〈四部叢刊續編〉史部（線裝二百冊，附索引十冊）。

清道光二十二年（1842）十二月進呈寫本（原寫本藏於國史館，未刊）

民國二十三年（1934）上海涵芬樓影印本（據清史館藏進呈寫本影印，列〈四部叢刊續編〉史部）

民國五十五年（1966）臺灣商務印書館影印本（據〈四部叢刊〉本，以二葉合爲一面縮爲十六開本，精裝十冊，附索引一冊）

民國五十三年（1964）臺北縣藝文印書館影印本

民國五十八年（1969）臺北市中國文獻出版社影印本

三、通　志

A0301

【嘉靖】廣東通志初稿　瓊州府

明·戴　璟修　張　岳纂

明嘉靖十四年（1535）　廣州刻本

藍曬本（年次及母本未詳）　廣東省中山圖書館藏

抄　本（年次及母本未詳）　上海　湖北

A0302

【嘉靖】廣東通志　瓊州府　　明・黃　佐纂修

明嘉靖三十七年（1558）　刻本

註：日本內閣署著爲明嘉靖四十年（1561）刊本

一九七七年香港大東圖書公司　影印本

A0303

【萬曆】廣東通志　瓊州府　　明・郭　棐纂修

明萬曆年三十年（1602）刻本

註：日本內閣文庫藏有全帙（三十二冊）

A0304

【康熙】廣東通志　瓊州府　　清・金光祖纂修

清康熙十四年（1675）修

清康熙三十六年（1697）刻本

A0305

【雍正】廣東通志　瓊州府

清・郝玉麟修　魯曾煜纂

清雍正九年（1731）　刻本

清乾隆年間《四庫全書》本

A0306

【道光】廣東通志　瓊州府　清・阮　元修　陳昌齊纂
　　　清道光二年（1822）　刻本
　　　清同治三年（1864）　重刊本
　　　民國五十七年（1968）十月　臺北市華文書局影印
　本（據清同治三年重刊本）〈中國省志彙編之十〉
　　　民國二十三年（1934）　上海商務印書館影印本

A0307

【民國】續修廣東通志　瓊州府　朱廣瀾修　梁鼎芬纂
　　　民國五年（1916）修　廣東通志局稿本
　　　註：未成稿，記事至清宣統二年（1910）。

A0308

【民國】廣東通志稿　瓊州府　　廣東通志館纂
　　　民國二十四年（1935）修　廣東通志館稿本
　　　註：未成稿，大部分爲採訪冊，記事至民二十三
　　　　　年（1934）

四、府　志

A0401

瓊管志　宋人纂　義太初序
　　　宋　本（年次未詳）　宋佚

A0402

瓊臺志　　宋人纂

　　蒲圻張氏大典輯本　宋佚

A0403

瓊志稿　　明・鄭廷鵠撰

　　明　本（年次未詳）　佚

A0404

瓊州府志　明・周希賢修

　　明萬曆年間（年次未詳）修　佚

A0405

【正德】瓊臺志　四十四卷　明・上官崇修　唐　胄纂

　　明正德十六年（1521）修（原刻本）

　　一九六四上海古籍書店影印本（據〈天一閣藏明代
地方志選刊本〉影印）

　　民國七十四年（1985）臺北新文豐出版社影印本（
據天一閣藏明正德十六年刊本影印）

　　抄　本（年次及所據祖本未詳）　天津圖書館藏

A0406

【萬曆】瓊州府志　十二卷

　　　明・戴　熺　歐陽璨修　蔡光前等纂

明萬曆年間（年次未詳） 刊本

A0407

【康熙】瓊郡志 十卷 清・牛天宿修 朱子虛纂

清康熙十二年（1673）修

清康熙十五年（1676）刻本

A0408

【康熙】瓊州府志 十卷 清・焦映漢修 賈 棠纂

清康熙四十五年（1706）刻本

A0409

【乾隆】瓊州府志 十卷 清・蕭應植修 陳景塤纂

清乾隆三十九年（1774）刻本

A0410

【道光】瓊州府志 四十四卷 首一卷

清・明 誼修 張岳崧纂 林隆斌補 郭金峨

校

清道光二十一年（1814）序 原刻本

清同治五年（1866）修補本

清光緒十六年（1890）林隆斌補、郭金峨校 補刊

本

民國十二年（1923）海南書局鉛印本（俗稱：民國

本）據清光緒十六年（1890）補刊本排印（鉛字排印）

　　民國五十年（1961）臺北市海南同鄉會重印本（五百部、每部五冊）據雲大選（香泉書室）藏海南書局鉛印本重印

　　民國五十六年（1967）影印本（每部精裝二大冊，計一〇三六面）臺北市成文出版社據清道光二十一年（1841）修，光緒十六年（1890）補刊本影印（中國方志叢書：華南地方　第四十七號）

A0411

瓊州志　佚　名纂

　　舊鈔本（未著年次）　中研院史語所藏

五、州縣志

A0501

瓊海方輿志　二卷　　元・蔡　微纂

　　元至正間（年次未詳）修　　元佚

A0502

【康熙】瓊山縣志稿　十二卷　　清・王凝機纂

　　清康熙二十六年（1687）修（未刊）　原稿本（佚）

　　王國憲《續修　瓊山縣志》卷十九（藝文略）：瓊

山縣志稿　十二卷

案：志稿爲貢生王凝機手編，郡丞潘廷侯、知縣
佟世南，重加纂輯編成十二卷，潘佟有序，
未有付刻，時康熙二六年。

A0503

【康熙】瓊山縣志　十二卷

清・潘廷侯　佟世南修　吳南傑纂

清康熙二十六年（1687）修　舊鈔本

A0504

【康熙】瓊山縣志　十卷　　清・王　贄修　關必登纂

清康熙四十七年（1708）序　刻本

A0505

【乾隆】瓊山縣志　十卷　　清・楊宗秉纂修

清乾隆十二年（1747）修　刻本

A0506

【咸豐】瓊山縣志　三十卷　首一卷

清・李文烜修　鄭文彩　蔡　藩纂

清咸豐七年（1857）　刻本　雁峰書院藏版

民國六十三年（1974）臺北市成文出版社　影印本

（據清咸豐七年刻本，雁峰書院藏版）　精裝六冊（中

國方志叢書　華南地方：第一六六號）

A0507

【民國】瓊山縣志　二十八卷　首一卷

　　　　朱為潮　徐　淦　周　果修　李　熙　王國憲
　　　　總纂

　　清宣統三年（1911）開雕　瓊山學校藏版

　　民國六年（1917）九月周果序　刊本

　　民國五十三年（1964）影印本（臺北市瓊山縣志重
印委員會，據清宣統三年開雕，瓊山學校藏版，民國六
年序刊本，內政部方志室藏）　精一冊

A0508

【嘉靖】澄邁縣志　　明・林　堪纂修

　　明嘉靖三十二年（1553）修　原佚

A0509

【萬曆】澄邁縣志　　明・曾拱壁修　李同春等纂

　　明萬曆四十一年（1613）修　佚

A0510

【康熙】澄邁縣志　四卷

　　　　清・丁斗柄修　　曾典學纂

　　清康熙十一年（1672）序　刻本

A0511

【康熙】澄邁縣志　十卷　　清‧秦大章修

清康熙二十七年（1688）　刻本（未見）

A0512

【康熙】澄邁縣志　十志　　清‧高魁標纂修

清康熙四十九年（1710）　刻本

A0513

【嘉慶】澄邁縣志　十卷　　清‧謝濟韶修　李光先纂

清嘉慶二十五年（1820）　刻本

A0514

【光緒】澄邁縣志　十二卷　首一卷
清‧龍朝翊修　陳所能纂

清光緒三十四年（1908）　刻本

民國（年次及所據母本未詳）抄本（廣東中山圖書
館藏）

A0515

臨高縣志稿　　明‧曾　唯纂　（未刊）

明萬曆年間（年次未詳）稿本　佚

　　　　註：曾唯，臨高蠶村人。於明萬曆年間，以歲薦
　　　　　　授廣州府訓導，轉徐聞教諭。嘗留心邑乘，

編有志稿，謀鋟諸梓未就（舊志、府志，參
修）。

據聶緝慶《光緒　臨高縣志》（臨江書院藏版）
序云：「有明曾唯之續編，原無鋟本」。

A0516

【康熙】臨高縣志　十二卷　　清·樊　庶纂修

清康熙四十六年（1707）序　刻本

抄本（年次及所據母本未詳）

A0517

【光緒】臨高縣志　二十四卷

　　　　清·聶緝慶　張　廷修　桂文熾　汪　琼纂

清光緒十八年（1892）　刻本　臨江書院藏版

民國六十三年（1974）臺北市成文出版社影印本（
據清光緒十八年臨江書院藏版）列（中國方志叢書　華
南地方：第一六四號）　精裝三冊

A0518

【永樂】定安縣志　　明·纂修人未詳

明永樂間（年次未詳）　佚

據清光緒四年（1878）吳應廉修《光緒　定安縣志
》凡例第一條載：邑志，始於有明永樂

註：本志題名及纂修年代，係據此著錄。

A0519

【景泰】定安縣志　　明・傅　霖修　黃　謙纂

明景泰間（年次未詳）　佚

據清光緒四年（戊寅）吳應廉修《光緒　定安縣志》凡例第一條載：「邑志……續於景泰」。又〈舊志同修姓氏〉亦載：「明景泰年，傅霖（邑侯，金谿人）、黃謙（宿儒，邑人）」。

註：本志題名、纂修人及纂修年，係據此著錄。

A0520

【嘉靖】定安縣志（草志）　　明・王仕衡纂修

明嘉靖初（年次未詳）年修（未刊）　佚

按《嘉靖　定安縣志》（草志），其題名、纂修人及纂修年，係根據（清）吳應廉修《光緒　定安縣志》載：〈舊志同修姓氏〉著錄。

A0521

【嘉靖】定安縣志　　明・宋　賢修　吳　綱等纂

明嘉靖十四年（1535）修　佚

按《嘉靖　定安縣志》之題名、纂修人及纂修年，係根據吳應廉修《光緒　定安縣志》載：〈舊志同修姓氏〉著錄。

註：陳丕顯、吳壽齡、孫一麟等同纂

A0522

【弘光】定安縣志

　　　　明・馬　光修　陳端蒙　陳天貺纂

　　明弘光二年（1645）修　佚

　　按《弘光　定安縣志》之題名、纂修人及修志年代
，係根據吳應廉修《光緒　定安縣志》卷首刊載：馬光
〈舊志序〉、〈舊志同修姓氏〉（弘光二年乙酉）著錄
。

A0523

【康熙】定安縣志　　八卷

　　　　清・張文豹修　梁廷佐纂

　　清康熙二十五年（1686）修　抄本

A0524

【雍正】定安縣志（草志）

　　　　清・莫大任修　莫魁文纂

　　清雍正八年（1730）修（未刊）　佚

　　　註：係據吳應廉修《光緒　定安縣志》卷首刊載
　　　　　〈舊志同修姓氏〉著錄。

A0525

【乾隆】定安縣志　　四卷

　　　　清・張文豹修　梁廷佐纂　董興祚增修

清康熙二十九年（1690）刻
清乾隆年間（年次未詳）　增修本
　註：記事止於乾隆五十一年（1786）

A0526

【嘉慶】定安縣志（草志）　　　清・周祚熙修　王峋纂
清嘉慶二十四年（1819）修（未梓）　佚
據清吳應廉修《光緒　定安縣志》卷首刊載：〈舊志同修姓氏〉著錄。

A0527

【咸豐】定安縣志　　清・梅占元修　王映斗纂
清咸豐四年（1854）修　佚
據清吳應廉修《光緒　定安縣志》卷首刊載：〈舊志同修姓氏〉著錄。

A0528

【光緒】定安縣志　　十卷　首一卷
　　　　清・吳應廉修　王映斗纂
清光緒四年（1878）序　刻本
民國五十七年（1968）十一月十二日（國父誕辰付梓）影印本（臺北市定安縣志重印委員會，依據清光緒四年木刻初版）影印再版

A0529

【宣統】定安縣志　　十卷　　宋席珍纂修

　　清宣統三年（1911）　刊本

　　北京圖書館藏（缺序目、凡例、職名）

A0530

【嘉靖】文昌縣志　　明・李遇春　葉　懋修

　　明嘉靖年間　（年次未詳）修　佚

A0531

【崇禎】文昌縣志　　明・周廷鳳修　林夢貞纂

　　明崇禎年間（年次未詳）修　佚

A0532

【康熙】文昌縣志　　明・鄧生柏修　吳廷縉纂

　　清康熙元年（1662）　佚

A0533

【康熙】文昌縣志　　清・沈　靆修　歐陽敬纂

　　清康熙九年（1670）　佚

A0534

【康熙】文昌縣志　　清・何　斌修　郭炳如纂

　　清康熙二十七年（1688）刻本　佚

A0535

【康熙】文昌縣志　　十卷

　　　清・馬日炳修　朱順昌纂

　　清康熙五十七年（1718）序　刻本

A0536

【咸豐】文昌縣志　　十六卷　首一卷

　　　清・張　霈　陳起禮修　林燕典纂

　　清咸豐八年（1858）　刻本　蔚文書院藏版

　　民國七十年（1981）臺北市文昌縣志重印委員會重
印本（據美國國會圖書館藏清咸豐八年刊本，蔚文書院
藏版）打字製版重印，精裝一冊（二十五開本）

A0536

【同治】文昌縣志　　十六卷　　清・劉彬華纂修

　　清同治年間（年次未詳）刊本　佚

A0538

【民國】文昌縣志　　十八卷　　林帶英修　李鍾嶽纂

　　民國九年（1920）　刻本

A0539

【萬曆】會同志略　　明・鄧桂芳修　陳宏周纂

　　明萬曆四十一年（1613）修

明萬曆四十七年（1619）梓本　佚

　　按《會同志略》之題名，係根據明萬曆四十年（1613）癸丑仲冬月〈志略說〉暫訂，其正確書名尚待方家查考。

A0540

【康熙】會同縣志　　清·曹之秀修　梁英裘纂

　　清康熙八年（1669）　梓本　佚

A0541

【康熙】會同縣志　　清·胥錫祚修　吳　雋纂

　　清康熙二十六年（1687）修　佚

A0542

【乾隆】會同縣志　　清·于　暲修　盧日光纂

　　清乾隆三年（1738）　刻本　佚

A0543

【乾隆】會同縣志　　十卷

　　　　清·于　煌修　楊縉銓纂

　　清乾隆三十八年（1773）修（于序）

　　清乾隆三十九年（1774）序（萬序）　刻本

A0544

【嘉慶】會同縣志　　十卷

清・陳述芹修　周　瀚　梁達廷纂

清嘉慶二十五年（1820）　原刻本

清光緒二十七年（1901）宋恆坊（知縣）補刊本（據清嘉慶二十五年陳述芹修本補刊）

民國十四年（1925）海南書局鉛印本（據清嘉慶二十五年陳述芹原修本，清光緒二十七年宋恆坊補刊本）

　　案：鉛印本，亦有方志書目著稱：石印本或重刊本，俗稱：民國本。並題名《瓊東縣志》，附〈瓊東縣全圖〉乙幅。

民國六十三年（1974）臺北市成文出版社影印本（據清嘉慶二十五年原刻本，光緒二十七年補刊本，民國十四年海南書局鉛印本）列（中國方志叢書　華南地方：第一七〇號）精裝二冊。

A0545

瓊東縣志重印暨續編增補資料

瓊東縣志重印暨續編增補資料委員會編纂

民國七十三年（1984）十月　刊本

按《瓊東縣志》重印本（係據民國六十三年臺北市成文出版社影印本，打字製版重印），並附〈瓊東縣全圖〉乙葉。

A0546

【嘉靖】樂會縣志　八卷　　明・魯　彭修

　　明嘉靖年（三十至三十三）間（1551～1554）修
佚

A0547

【康熙】樂會縣志　十一類
　　　　清・林子蘭修　陳宗琛纂

　　清康熙八年（1669）序　抄本（手繕本）
　　　案：原抄本缺〈秩官志〉、〈人物志〉、〈藝文
　　　　　志〉、〈災異志〉等四類（計十七目）
　　一九五六年油印本（根據康熙八年抄本）

A0548

【康熙】樂會縣志　　四卷
　　　　清・程秉愷修　楊本蕃纂

　　清康熙二十六年（1687）修　崇文齋傳鈔本
　　手抄本（據崇文齋傳鈔本）
　　清抄本（年次及所據母本未詳）　殘存卷一、卷二
　　民國七十三年（1984）四月，臺北縣新店市龔少俠
（國大代表）先生，依據美國哈佛大學燕京圖書館藏〈
崇文齋傳鈔本〉，暨美國國會圖書館藏〈清抄本〉〈殘
存二卷〉影印本（精裝乙冊）
　　民國十六年（1927）油印本（所據母本未詳）
　　一九五八年廣東省中山圖書館油印本（鋼版手寫）

A0549

【宣統】樂會縣志　　八卷　　林大華纂修

　　清宣統三年（1911）　石印本

　　民國抄本（年次未詳）　邑僑藏版

　　民國七十五年（1986）十月，臺北縣新店市龔少俠（國大代表）先生，依據邑僑符大煥藏《宣統　樂會縣志》手抄本，打字製版重印本（精裝乙冊）

A0550

南寧軍志　　宋人纂

　　蒲圻張氏大典輯本　宋佚

　　　案：宋南寧軍，本儋州昌化軍，明清瓊州府儋州
　　　　　（今儋縣）。

A0551

【萬曆】儋州志　三集　　明・曾邦泰修　董　綾纂

　　明萬曆四十六年（1618）序　刻本

A0552

【康熙】儋州志　清・沈一成修

　　清康熙二十六年（1689）序　刻本　佚

A0553

【康熙】儋州志　三卷　　清・韓　祜纂修

清康熙四十三年（1704）序　刻本

抄本（年次未詳）　北京圖書館藏

A0554

【民國】儋州志　初集（不分卷）

清・王雲清　唐丙章纂修

清光緒三十年（1904）修（王序）

民國十七年（1928）　石印本

A0555

【民國】儋縣志　十八卷　首一卷

彭元藻修　王國憲纂

民國二十五年（1936）　海南書局代印　鉛印本

民國六十三年（1974）臺北市成文出版社影印本（
據海南書局鉛印本）列（中國方志叢書：華南地方　第
一九一號）　精裝四冊

A0556

【康熙】昌化縣志　五卷　　清・方　岱　璩之璨纂修

清康熙二十六年（1687）菊月始修

清康熙三十年（1691）菊月書成（璩之璨校正）刻
本

民國二十二年（1933）　傳鈔本

民國五十二年（1963）　油印本（廣東省中山圖書

館，依據廣東省博物館藏，清康熙三十年璩之璨校正本
）

A0557

【光緒】昌化縣志　十一卷首一卷　　清·李有益纂修
　　清光緒二十三年（1897）序　刻本

A0558

【萬曆】萬州志　　明·茅一桂修
　　明萬曆年間（年次未詳）創修　　原佚

A0559

【康熙】萬州志　四卷　　清·李　琰修　朱仲蓮纂
　　清康熙十八年（1679）　刻本

A0560

【嘉慶】萬州志　　清·汪長齡修　楊士錦等纂
　　清嘉慶二十四年（1819）修　繕本（未梓）　原佚

A0561

【道光】萬州志　十卷　　清·胡端書修　楊士錦纂
　　清道光八年（1828）修　刻本　崇聖祠藏版
　　民國三十七年（1948）　鉛印本
　　一九五八年廣東省中山圖書館　油印本（手繕鋼版
油印）

A0562

陵水縣志　　宋人纂（未詳名氏）　佚

　　註：宋・王象之〈輿地紀勝〉曰：劉奕序

A0563

【康熙】陵水縣志　　清・高首標修

　　清　康熙十三年（1674）修成（未梓）　　繕本　佚

A0564

【康熙】陵水縣志　不分卷

　　　　清・高首標纂修　潘廷侯訂補

　　清康熙二十七年（1688）修　刻本

　　傳鈔本（年次及母本未詳）

　　一九五七年廣東省中山圖書館　油印本

A0565

【乾隆】陵水縣志　　清・衛晞駿修

　　清乾隆二十八年（1763）　刻本　佚

A0566

【乾隆】陵水縣志　十卷　　清・瞿雲魁修　蔡　群纂

　　清乾隆五十七年（1791）　刻本

　　抄本（年次未詳）　廣東省中山圖書館藏

A0567

【道光】陵水縣志　六卷　首一卷

　　　清・曾燦奎修　甘家斌纂

　　清道光十五年（1835）　刊本

　　　案：北京大學圖書館、金陵大學圖書館（戰前）

　　　藏

A0568

崖州志略　四卷　　明・鍾　芳撰

　　明　本（年次未詳）　原佚

A0569

【康熙】崖州志　　清・張擢士修

　　清康熙七年（1668）修　刻本　佚

A0570

【康熙】崖州志　　清・李如柏修

　　清康熙三十三年（1694）序　刻本　佚

A0571

【乾隆】崖州志　十卷　　清・宋　錦修　黃厚德纂

　　清乾隆二十年（1775）序（李璜）　刻本（傳鈔本）

　　一九五三年手抄本

A0572

【光緒】崖州志　二十二卷　　清・鍾元棣修　張雋纂

清光緒二十七年（1901）修（鍾序）　未梓

清光緒三十四年（1914）補訂本（邢序）

民國三年（1914）　鉛印本（據清光緒三十四年繕本）

一九六三年四月　橫排本（據民國三年鋁印本，重新橫排鉛印，郭沫若點校，廣東地方文獻叢書）

A0573

【康熙】感恩縣志　　清・崔國祥修

清康熙十一年（1672）序　刊本　佚

A0574

【康熙】感恩縣志　十卷　　清・姜　焯修　李　茂纂

清康熙四十四年（1705）　刻本　佚

A0575

【民國】感恩縣志　二十卷　首一卷

　　周文海修　盧宗棠纂

民國二十年（1931）七月　海南書局承印　鉛印本

民國五十七（1968）　臺北市成文出版社　影印本（據民國二十年海南書局鉛印本）列（中國方志叢書：華南地方　第六十七號）　精裝一冊

六、鄉土志

A0601

【光緒】瓊山鄉土志　三卷　　清・張廷標編纂

清光緒三十四年（1908）修

民國抄本（年次未詳）

A0602

【宣統】定安鄉土志　　清・莫家桐編纂

清宣統元年（1909）序　手抄本

A0603

崖州直隸州鄉土志　二卷　　湯寶棻編纂

抄本（年次未詳）

七、采訪冊

A0701

臨高采訪錄　　許朝瑞撰

民國六年五月至七年八月（1917～1918）　手稿本

八、外　紀

A0801

瓊臺外紀　五卷　　明・王　佐撰

明　本（年次未詳）　原佚

A0802

臨高縣記　　元・洗　靁纂

元大德初（年代未詳）　久佚

A0803

古寧野紀　　明・鄭敦復纂

明萬曆三年（1575）舊敘（未刊）　佚

　　註：今萬寧縣

九、傳　錄

A0901

珠崖傳　一卷　　晉・蓋　泓纂

金谿王氏〈漢唐地理書鈔〉輯本　晉佚

A0902

珠崖錄　三卷　　明・王　佐撰

明　本（年次未詳）　佚

A0903

吉陽錄　　清・黎上升纂

清　本（年次未詳）　原佚

　　案：吉陽，即崖州，民國稱崖縣，今名三亞市。

十、圖　經

A1001

瓊州圖經　　宋人纂

蒲圻張氏《大典》輯本　宋佚

A1002

瓊管圖經　十六卷　　宋·趙汝廈纂

宋　本（年次未詳）　宋佚

　　案：王象之〈輿地紀勝〉瓊州沿革，皇朝以瓊州守
　　　　臣提舉儋、崖、萬安等州水陸轉運使，後罷轉
　　　　運，改瓊管安撫都監。

A1003

吉陽軍圖經　一卷　　宋人撰

宋　本（年次未詳）　宋佚

　　案：宋吉陽軍，本崖州朱崖軍，清崖州直隸州（民
　　　　國改稱崖縣，今名三亞市）。

A1004

（萬安軍）圖經　　宋人纂

宋　本（年次未詳）　宋佚

案：唐萬安州萬安郡，宋萬安軍，清崖州直隸州萬縣，今名萬寧縣。

A1005

陵水圖志　三卷　　宋・劉　伋纂

宋　本（年次未詳）　宋佚

依上所著資料顯示，海南志書，除地理志（三種）、一統志（五種）、廣東通志（八種），內中所繫瓊州事，尚待輯印單行本外，其餘瓊州府志，暨各州縣志、鄉土志、採訪册、外紀、傳錄、圖經等一〇一種，係以專書（志）刊行。

於今國內外圖書館，暨文教機構知見藏板，計有：手稿本、原刻本、重（補）刊本、抄本、傳鈔本、鉛印本、石印本、油印本、影（重）印本（列注所據祖本），殊爲珍貴，視同瑰寶。

首就志書類別觀察：本〈總目錄〉所輯各種志書資料，除地理志三種佔 2.564%，一統志五種佔 4.273%、廣東通志八種佔 6.838%，未予排序外，依瓊州府暨各州縣細窺，其名次：瓊州府十六種（府志十一種、外紀一種、傳錄二種、圖經二種）佔 13.675 %最多，定安縣十三種（縣志十二種、鄉土志一種）佔 11.111%次之，文昌縣九種（縣志）佔 7.692%居三，瓊山（縣志七種、鄉土志

一種）、崖州（州志五種、鄉土志一種、傳錄一種、圖經一種）均八種各佔 6.838％並列第四，澄邁（縣志七種）、會同（縣志六種、瓊東縣志重印暨續編增補資料一種）、陵水（縣志六種、圖經一種）皆係七種分佔 5.983％同爲第五，儋州（州志五種、縣志一種）、萬州（州志四種、外紀一種、圖經一種）均六種各佔 5.128％同列第六，臨高（縣志三種、採訪錄一種、外紀一種）五種佔 4.273％居七，樂會縣志四種佔 3.419％第八，感恩縣志三種佔 2.564％第九，昌化縣志二種佔 1.710％殿末。於是顯見，瓊州府暨各州縣，志牒之類別，以及比例、名次，大略如斯矣（參見志書類別比率圖）。

志書類別比率圖

　　次從志書特性分析：本《海南方志總目錄》，所著錄之牒本資料，計有：地理志三種佔 2.564％、一統志五種佔 4.273％、通志八種佔 6.838％、府志十一種佔 9.402％、州縣志七十五種佔 64.103％、鄉土志三種佔 2.564％、採訪冊一種佔 0.855％、外紀三種佔 2.564％、傳錄三種佔 2.564％、圖經五種佔 4.273％。於各大類中，除地理志、一統志、通志，係非單行本外，以州縣志七十五種居冠，府志十一種次之，圖經五種第三，鄉土志、外紀、傳錄各三種並列第四，採訪冊只有一種殿後。於是顯見，海南志書資料，雖然種數不多，待訪（佚傳）者亦眾，惟於今公私藏板，更彌足珍貴，實乃治〈海南史〉者，不可缺少史料，殊具學術研究參考價值（參見志書特性分析圖）。

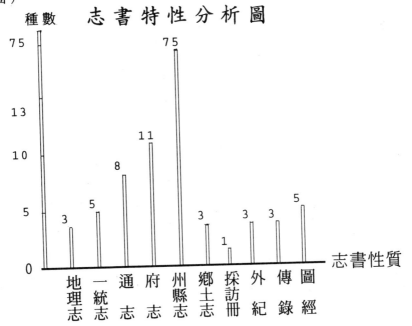

志書特性分析圖

　　復由修志朝代統計：海南志牒之纂修，緣自晉代（珠崖傳）肇始，中經宋元明三代繼之，迨清一代，修志風尚鼎盛，牒本極爲豐碩。除未著修志年代者二種（府志一種、鄉土志一種）佔 1.710％外，於晉代一種（傳錄）佔 0.855％，唐代一種（地理志）佔 0.855％，宋代十種（地理志一種、府志二種、州縣志二種、圖經五種）佔 8.547％，元代三種（一統志一種、州縣志一種、外紀一種）佔 2.564％，明代二十六種（一統志一種、通志三種、府志四種、州縣志十五種、外紀二種、傳錄一種）佔 22.222％，清代六十六種（地理志一種、一統志三種、通志三種、府志四種、州縣志五十二種、鄉土志二種、傳錄一種）佔 56.410％，民國八種（通志二種、州縣志五種、採訪冊一種）佔 6.838％。於是顯見，以清代牒本最多，明代修本亦不少，惟民國修本史料新穎，且內容詳實富美，最爲珍貴（參見修志朝代統計表）。

　　綜觀上列圖表及分析說明，不難瞭解〈海南志書〉牒本全貌，除地理志三種、一統志五種、通志八種外，其餘府志十一種、州縣志七十五種、鄉土志三種、採訪冊一種、外紀三種、傳錄三種、圖經五種（共一〇一種），係以專書（志）刊行。其中公私藏板四十九種，極爲珍貴。流散佚傳五十二種，殊深痛惜。從史學理念暨方志學角度觀之，於修志源流，脈胳傳承，構成〈海南志書〉完整體系。就文獻史料價值言之，本〈總目錄〉所列〈海南方志〉資料，不僅是中華文化資產，更是海南文化根源，深具史

料參考價值，若對海南學術研究，有其助益，吾願足矣。

修志朝代統計表

朝代＼種類別	晉代	唐代	宋代	元代	明代	清代	民國	x年	小計	百分比
地理志		1	1			1			3	2.564
一統志				1	1	3			5	4.273
通志					3	3	2		8	6.838
府志			2		4	4	1		11	9.402
州志			2			1			3	2.564
縣志				1	15	52	5	2	75	64.103
鄉土志										
採訪冊				1	2				3	2.564
外紀					1	2			3	2.564
傳錄	1								1	0.855
圖經			5						5	4.273
合計	1	1	10	3	26	66	8	2	117	
百分比	0.855	0.855	8.547	2.564	22.222	56.410	6.838	1.710		100 %

參考文獻資料

《道光　廣東通志》　清‧阮　元修　陳昌齊纂　民國
　　五十七年（1968）　臺北市　華文書局　影印本〈據
　　清道光二年（1822）修　同治三年（1864）重刊本〉

《民國　瓊山縣志》　周　果修　王國憲纂　民國五十
　　三年（1964）　臺北市　瓊山縣志重印委員會　影印
　　本〈據清宣統三年（1911）開雕　民國六年（1917）
　　鉛印本　瓊山學校藏版〉

《光緒　定安縣志》　清‧吳應廉修　王映斗纂　民國
　　七十五年（1968）　臺北市　定安縣志重印委員會影
　　印本〈據清光緒四年（1878）刊本〉

《咸豐　文昌縣志》　清‧張　霈修　林燕典纂　民國
　　七十年（1981）　臺北市　文昌縣志重印委員會　重
　　印本〈據清咸豐八年（1858）刻本　蔚文書院藏版〉

《嘉慶　會同縣志》　清‧陳述芹修　周　瀚纂　民國
　　六十三年（1974）　臺北市　成文出版社　影印本〈
　　據清嘉慶二十五年（1820）刊本　光緒二十七年（
　　1901）補刊　民國十四年（1925）鉛印本〉

《康熙　樂會縣志》　清‧林子蘭修　陳宗琛纂　康熙
　　八年（1669）　手繕本

《民國　儋縣志》　彭元藻修　王國憲纂　民國六十三
　　年（1974）　臺北市　成文出版社　影印本〈據民國
　　二十五年（1936）五月　海南書局鉛印本〉

《道光　萬州志》　清・胡端書修　楊士錦纂　　民國三
十七年（1948）　鉛印本

《海南簡史》　陳劍流　冼榮昌編著　　民國五十六年（
1967）　臺北市　德明出版社印行

《海南島古代簡史》　楊德春著　　一九八八年　長春市
東北師範大學出版社印行

《四庫大辭典》　楊家駱編　　民國五十六年（1967）
臺北市　中國辭典館復館籌備處印行

《廣東方志目錄》　杜定友編　　民國三十五年（1946）
九月　廣州市　廣東省立圖書館印行　油印本

《廣東方志總目提要》　李景新編著　　民國五十九年（
1970）三月　臺北市　臺灣學生書局印行

《中國古方志考》　張國淦編　　民國六十三年（1974）
臺北市　鼎文書局印行

《中國地方志綜錄》　朱士嘉編　　民國六十四年（1975
）　臺北市　新文豐出版社印行

《中國地方志總合目錄》　　昭和四十四年（1969）　日
本　國會圖書館參考書誌部編印

《廣東文獻書目知見錄》　黃蔭普編　　一九七二年九月
香港　崇文書店印行

《中國地方志總目錄》　莫　頓（Morton, A）編　　一
九七九年　英國　編者印行

《中國地方志聯合目錄》　中國科學院北京天文臺編　一
九八五 年一月　北京　中華書局印行

《稀見地方志提要》 陳光貽編著 一九八七年八月
　　濟南 齊魯書社印行

《南方民族古史書錄》 呂名中編 一九八九年六月
　　成都 四川民族出版社印行

《海南文獻資料簡介》 王會均編著 民國七十二年（
　　1983）十一月 臺北市 文史哲出版社印行

《海南方志知見錄》 王會均著 民國八十二年（1993
　　）十月 臺北市 國立中央圖書館臺灣分館印行（建
　　館七十八年暨改隸中央二十週年紀念論文集）抽印本

《感恩縣志研究》 王會均著 民國八十二年（1993）
　　七月 臺北市 中央圖書館臺灣分館館訊第十三期

　中華民國八十二年（1993）癸酉歲十一月十日 脫稿

貳、海南方志知見錄

　　海南史名珠崖，又名瓊臺，或稱瓊州，抑曰瓊崖，簡稱瓊。原係古雕題鑿齒之國，唐虞三代爲揚越之荒徼，惟春秋不見於傳，秦末乃南越（象郡）之外域，漢屬珠崖、儋耳郡地。在漢代以前，圖籍缺帙，無從稽考。

　　緣自漢武帝元封元年（辛未），亦就西元前一一〇年，置郡縣起，迄西元一九八八年（辰戌）四月，海南宣布建省止，建置約有二千零九十八年，其間建置名稱，迭經變更，有置郡縣、建州府、設道區等建制。

　　方志者，地方志之簡稱也。乃一個地方之〈百科全書〉，有人將其稱爲〈博物之志〉，或〈一方之全史〉，抑〈一方古今總覽〉。係以地方爲單位，依一定體例，纂記其歷史與人文地理之誌書。更具體地說，亦就是反映特定行政單位之政治、經濟、軍事、文化、自然現象，以及天然資源之綜覽。

　　地方志書之起源甚早，於三國時代，東吳已有之，初自地理書演變而成。至宋代又增人物藝文，且體例漸備，自後代有纂述修葺，迨清代則自省府廳州縣而外，於鄉鎮亦多有鄉土志，開歷代未有之紀錄。民國紀元，繁衍其餘緒，惜以兵戈擾攘，不絕如縷，此乃方志纂修源流之概略矣。

夫志書之纂修，具有獨特體裁與風格。其纂茸之內容，不外乎地理之沿革，疆域之廣袤，政治之消長，經濟之隆替，風俗之良窳，教育之盛衰，交通之修阻，與其遺獻之多寡也。

更具體地說，誌地理者有沿革、疆域、面積、分野。誌政治者有建置、職官、兵備、大事記。誌經濟者有戶口、田賦、物產、役稅。誌社會者有風俗、方言、寺觀、祥異。誌教育者有學制、書院、學堂、學田。誌文獻者有人物、藝文、金石、古蹟。

於是欲觀一縣人民活動之總成績者，實有賴於縣志，欲觀全省人民活動之總成績者，唯省之通志是賴。依此次序，自縣志至省通志，由省通志至國之一統志，則一國文化遞嬗之遺跡，遮幾可以瞭解耳。

抑有進者，方志之取材，悉以當時地方之史蹟爲主，且多直接取於檔冊、案牘、函札、碑碣，是故分量之豐，內容之精，價值之隆，逾於璆璧，其足資徵信程度，更非吾人意想所難及者，又豈能漠視其重要性。

海南方志之纂修，緣於晉代肇始，宋元明三代繼之，迨清一代，極爲豐盛。由於纂修年代久遠，保藏維護非易，間遭蠹魚蛀害者在所難免，且兵燹頻仍，流離散佚者必亦有之，於是廣傳於世者卷帙稀少，致被視爲珍寶。

近數年來，世事劇變，海南廣被國際關注，無論是國內外學者專家，或工商企業界，抑邦人君子，對海南文獻資料漸受重視，並廣被蒐尋查閱。個人於圖書館工作，在

讀者服務中，屢多涉及南海資源開發，暨海南學術研究等問題，深切體認各界人士，亟需海南各項文獻資料。

個人於服務餘暇，乃本〈愛國愛鄉〉熱誠，先後編著：《海南文獻資料簡介》、《海南文獻資料索引》、《日文海南資料綜錄》、《海南研究資料索引》（待印中）刊行，裨益學界。於今特再以《海南方志知見錄》（實具專題書目性質）爲題，就其公私藏板分別析論於次，期供治〈海南史〉者研究參考。

本文中各志書仿中國編目規則，暨參考標準書目基本格式著錄，期使綱目簡明有序，以表示系統化，其款目依次：志書名（卷數）、纂修者、刊版年、刻本、稽核項（包括冊數或頁數、圖表、高廣、裝訂）、叢書註、附註項、庋藏者（公藏者爲主）、提要（若未能親閱其書，亦無相關資料佐證者從略）等九項，分別著論其志書之內容性質，俾助益學界研究參考。

海南方志，乃取其通義所泛指之志書，包括：地理志、一統志、通志、府志、州縣志、採訪冊、鄉土志，於國內外圖書館，暨文教機構庋藏者，計有：稿本、原刻本、重（補）刻本、抄本、傳抄本、鉛印本、重（影）印本（皆列注所據祖本），就其知見者，臚著於次，以供方家參考。

一、地理志

地理志，緣衍地理書，亦稱地理考或輿地志，即輿圖

地志之書，屬早期方志。乃記載一個行政區域位置、面積、範疇，暨地理環境資源之志書。於古方志中，通常包括：輿圖、沿革‧疆域、山川、道里、戶口、貢賦、風俗等諸方面之內容。

B1001

元和郡縣志 瓊州（卷三十六 佚）

（唐）李吉甫撰　　文淵閣四庫全書本

依臺灣商務印書館，據文淵閣四庫全書（寫本）影印本，第四六八冊（卷三十四）刊載：嶺南道嶺南節度使理所，管州二十二。其中屬管「崖州、瓊州、振州、儋州、萬安州」，皆今海南境地。

又《元和郡縣圖志》（畿輔叢書、叢書集成初編、國學基本叢書）亦載（卷三十四）：嶺南道嶺南節度使理所，管州二十二。其中屬管「崖州、瓊州、振州、儋州、萬安州」，即今海南境地。

據相關資料查考，各州分別著錄：沿革、州境、里至、貢賦、管縣等五目。然原志各刊本，皆缺卷三十五及卷三十六，於是主要內容，均未悉其詳，殊深憾惜。

B1002

元豐九域志 瓊州（卷九 廣南路西路：瓊州）

（宋）王　存撰　　清乾隆四十九年（1784）八月桐鄉馮集梧刊本

（5）頁（雙面）　27公分　線裝

按《元豐九域志》卷九廣南路西路屬管瓊州，分轄：瓊山郡軍事，治設瓊山縣，領縣五：瓊山、澄邁、文昌、臨高、樂會。昌化軍，治設宜倫縣，領縣三：宜倫、昌化、感恩。萬安軍，治設萬寧縣，領縣二：萬寧、陵水。朱崖軍，管轄臨川及藤橋二鎮。各依地里、戶（主、客）、土貢、縣屬等四目著錄，其中以地里及縣屬二目，紀事較詳。

王存《元豐九域志　十卷》，係從宋刻本抄得，並採各刊本參校。諸如：江本（江南書局所進本），浙本（浙江書局所進本）、嘉定王氏本、崑山徐氏所藏宋槧本等。目前臺灣地區公藏者，依其刊本及年代，著錄如次：

清乾隆四十九年（1784）桐鄉馮集梧刊本
　　中圖31　臺大（研）115

民國五十一年（1962）十一月　臺北永和　文海出
　　版社　影印本（據乾隆四十九年桐鄉馮集梧刊本
　　影印）
　　臺灣分館：665.15／1040-3

清乾隆五十三年（1788）德聚堂刊本　史語423

清乾隆間武英殿聚珍本　故宮71

清翻刻殿本　史語423

清乾隆間刊本　史語676

清光緒八年（1882）金陵書局刊本　中圖31

B1003

〔康熙〕古今圖書集成方輿彙編職方典　瓊州府部十二
卷（卷一三七三～一三八四）

（清）陳夢雷編纂　民國五十三年（1964）七月
臺北　文星書局印行　影印本

（111）面（498～608）　有圖　27公分　精裝

（古今圖書集成　第二十一冊）

按《康熙　古今圖書集成》，凡一萬卷。於方輿彙
編職方典〈瓊州府部〉計十二卷（1373～1384），主要
內容計分：彙考、藝文、紀事、雜錄、外編等五大類。
其中彙考，包括：建置沿革、疆域（有圖、形勝附）、
星野、山川（水利附）、城池、關梁、公署、學校、戶
口、田賦、風俗、祠廟（寺觀附）、驛遞、兵制、物產
、古蹟（墳墓附）等十六目，且史料查考甚詳，深具學
術研究參考價值。

陳夢雷纂《古今圖書集成》，於清康熙四十年（
1701）開纂，迨康熙四十五年（1706）告成（貯於武英
殿）。目前國內外公藏者，依刊行版本，就其年次，分
別列著於次，以供參考。

清雍正六年（1728）　銅活字本

清光緒二十年（1894）　石印本（據銅活字本石印
）

民國二十五年（1936）上海中華書局　縮印本（據
銅活字石印本縮印）

民國五十三年（1964）臺北文星書局　影印本（據
　　上海中華書局縮印本影印）
民國六十六年（1977）臺北鼎文書局　影印本（據
　　上海中華書局縮印本影印）
清光緒十年（1884）圖書集成印書局　排印本（扁
　　體鉛字）

二、一統志

　　一統志之纂輯，係以各省通志，暨府、州、廳、縣
志爲藍本，分門別類，以繫其事。就史料價值言之，雖有
原志足以資證，然其內容亦有通志、府志、縣志所不及者
，誠亦具有參考價值矣。

B2001

大元大一統志　瓊州（卷數未詳　佚）

　　（元）孛蘭肸修　金毓黻校　　　遼海書社　鉛印本
　　按《大元大一統志》，凡一千三百卷。原書曾於順
帝至正六年（1346）付梓刊行，佚傳於明代。今僅有〈
玄覽堂叢書續集〉所收殘本三十五卷，暨近人金毓黻所
輯《大元大一統志》殘本十五卷，輯本四卷與趙萬里輯
《元一統志》十卷，流傳於世。
　　孛蘭肸修《大元大一統志》，係以路與行省所直轄
府州爲綱，計分：建置、沿革、坊郭、鄉鎮、里至、山

川、土產、風俗、形勝、古蹟、宦績、人物、仙釋等目
。其內容采錄豐富，網羅詳盡，唯今殘存卷冊極少，而
瓊州之相關資料，亦缺失其刊載，致主要內容無從查考
，誠屬憾惜矣。

　　孛蘭肸修《大元大一統志》殘本，目前國內外所庋
藏者，依其刊本及年代，分別著錄於次：

　　元至正七年（1347）杭州刊本　北平（殘存五卷二
　　冊）

　　清袁氏貞節堂鈔本（玄覽堂叢書續集）　中圖（殘
　　存三十五卷四冊　）

　　民國六十八年（1979）　臺北正中書局　影印本（
　　據中央圖書館藏〈玄覽堂叢書〉袁氏貞節堂鈔本
　　影印）

　　清海虞瞿氏鐵琴劍樓烏絲欄精鈔本　北平（殘存九
　　卷二冊）

　　遼海書社　鉛印本（遼海叢書第十集）　臺灣師大
　　（殘存三十五卷　）

B2002

大明一統志　瓊州府（卷八十二）

　　（明）李　賢奉敕修　　天順五年（1461）五月序
　內府刊本

　　（28）面　有圖　27公分　線裝

　　李賢修《大明一統志》凡九十卷，其中卷八十二之

內容，包括：廉州、雷州、瓊州三府。每府之分目，依次：建置、沿革、郡名、形勝、風俗、山川、土產、公署、學校、書院、宮室、關梁、寺觀、祠廟、陵墓、古蹟、名宦、流寓、人物、列女、仙釋等目。

　　按《大明一統志》，係明英宗（重祚）命李賢等人敕修，始於天順二年（1458），書成於五年（1461）奏進。目前國內外公藏者，依其刊版年代，分別著錄如次，以供查考。

　　　　明天順五年（1461）內府刊本　中圖258　北平

　　　　民國五十四年（1965）八月　臺北永和　文海出版
　　　　　社　影印本（據國立中央圖書館藏，天順五年內
　　　　　府刊本影印）　精十冊
　　　　　　臺灣分館藏：666／4077　Ｖ.10

　　　　明弘治十八年（1505）愼獨齋刊本　中圖259

　　　　明嘉靖三十八年（1559）歸仁齋刊本　中圖259

　　　　明萬壽堂刊本　中圖259　臺大14　史語

　　　　明萬壽堂刊清初剜改重印本

　　　　明積秀堂刊本　臺灣分館：480／18(和)

　　　　日本正德三年（1713）弘章堂刊本　中圖259

B2003

〔雍正〕初修大清一統志　瓊州府（卷二八六）
　　　（清）蔣廷錫等奉敕纂修　　乾隆九年（1744）
　武英殿刻本

（45）頁（雙面）　有表　25.5公分　線裝

蔣廷錫奉敕纂修《雍正　大清一統志》（初修本）
，凡三百五十六卷。瓊州府列於卷之二八六，首冠瓊州
府表（府圖統列於廣東省），其內容計分：疆域、分野
、建置沿革、形勢、風俗、城池、學校、戶口、田賦、
山川、古蹟、關隘、津梁、堤堰、陵墓、祠廟、寺觀、
名宦、人物、土產（未列條目）等二十門。內以建置沿
革、山川、古蹟三門，所繫府事較詳。唯缺流寓、仙釋
之紀事，誠屬憾惜。

按《雍正　大清一統志》初修本，自康熙二十五年
（1686）奉敕纂修，於雍正三年（1725）奉敕重纂，迨
乾隆五年（1740）十一月完稿，八年（1743）陳悳華
等上表進呈，九年（1744）武英殿付梓刊行。其原刊本
藏板罕見，目前國內外公藏者，分述於次：

清乾隆九年（1744）武英殿刻本（一〇八冊）
　　臺北故宮71（係原清景陽宮舊藏）
清道光二十九年（1849）陽湖薛子瑜活字排印本（
　未見藏板）
清光緒年間杭州竹簡齋石印本（未見藏板）
　據張元濟〈嘉慶重修一統志跋〉云：汪穰卿筆記
　斥杭州竹簡齋縮印康熙修本，變亂卷第。
　按臺灣總督府圖書館，原藏清光緒丁酉（二十三
　年）杭州竹簡齋石印之《大清一統志五百卷》
　，係乾隆續修本，未悉竹簡齋曾有石印初修、

續修二種，抑汪穰卿筆記有誤，尚待方家查考
。

B2004

〔乾隆〕續修大清一統志　瓊州府（卷三五〇）

（清）和　珅等奉敕纂修　乾隆五十四年（1789
）　四庫全書寫本

（60）頁（雙面）　有圖表　27公分　線裝

按《乾隆　大清一統志》續修本，凡五百卷。瓊州
府列於卷三百五十，首錄瓊州府圖及沿革表，次依：瓊
州府（里至）、分野、建置沿革（領三州十縣）、形勢
、風俗、城池、學校、戶口、田賦、山川、古蹟、關隘
、津梁、堤堰、陵墓、祠廟、寺觀、名宦、人物、流寓
、列女、仙釋、土產等二十二門，中以建置沿革、山川
、古蹟三門，紀事最詳。此續修本新增流寓、列女、仙
釋三門，其內容更臻完備矣。

按《乾隆　大清一統志》續修本，清乾隆二十九年
（1764）十一月奉敕續纂，於乾隆五十年（1785）十二
月完稿，由和珅領銜上表進呈，未刊。迨乾隆五十四年
（1789）正月，紀昀等校呈收入「四庫全書」。民國七
十四年（1985）臺灣商務印書館，據臺北故宮藏文淵閣
四庫全書寫本影印（瓊州府列四八二冊）。目前國內外
圖書館或文教機構公藏者，依其刊本年次，分別臚述於
次，以供方家參考。

清乾隆五十四年（1789）文淵閣四庫全書寫本
　　臺北故宮
民國七十四年（1985）臺灣商務印書館　影印本（
　據故宮藏文淵閣四庫全書寫本景印）
　　臺灣分館：082.1／4800A V.482
清光緒十三年（1887）杭州竹簡齋石印本　東海41
清光緒二十三年（1896）杭州竹簡齋石印本
　　師大55
　　臺灣分館：480／14（和）
清光緒二十七年（1901）上海寶善齋石印本
　　臺大（文）116
清光緒二十八年（1902）上海寶善齋石印本
　　中圖31　史語所424

B2005

〔嘉慶〕重修大清一統志　瓊州府二卷（卷四五二～四
　　五三）

　　（清）穆彰阿等奉敕纂修　道光二十二年（1842）
　進呈寫本
　　（56）頁（雙面）　有圖表　26公分　線裝
　　（清）穆彰阿、永瑢等奉敕纂修《嘉慶　大清一統
志》重修本，凡五百六十卷，其中瓊州府計二卷（列於
卷四五二及卷四五三），主要內容，首冠瓊州府圖及表
，次分：瓊州府（里至）、分野、建置沿革、形勢、風

俗、城池、學校、戶口、田賦、山川、古蹟、關隘、津
梁、堤堰、陵墓、祠廟、寺觀、名宦、人物、流寓、列
女、仙釋、土產等二十二門。而續修本與重修本之門目
雖同，惟所繫州事略異。尤其〔嘉慶〕重修本，更為詳
備富美。

　按《嘉慶　大清一統志》（重修本），清嘉慶十六
年（1811）奉敕重修，於清道光二十二年（1842）十二
月寫定，由國史館總裁（大學士）穆彰阿上擢奏聞，進
呈本原藏於國史館，終清之世未及付雕。迨民國十五、
六（1926～7）間，上海涵芬樓據「清史館」藏進呈寫本
攝照，於二十三年（1934）景印行世，題名《嘉慶重修
一統志》，收入〈四部叢刊續編〉史部（線裝二百冊，
附索引十冊）。於今廣為流傳者，依其刊本年代，分列
於次，以供參考。

　清道光二十二年（1842）十二月進呈寫本（原寫本
　　藏於清史館，未刊）
　民國二十三年（1934）上海涵芬樓景印本（據清史
　　館藏進呈寫本影印，列「四部叢刊續編」史部）
　民國五十五年（1966）臺灣商務印書館影印本（據
　　「四部叢刊」本，以二葉合為一面縮印為十六開
　　本，精裝十冊、附索引一冊）
　民國五十三年（1964）臺北縣藝文印書館影印本
　　臺大116
　民國五十八年（1969）臺北市中國文獻出版社影印

本　臺大（研）116

三、府　志

夫府志者，乃方志種類之一，係指舊時以府爲對象，記載其一府特定空間範圍內之政治、經濟、軍事、文化、社會、人物、異聞諸方面情事之志書也。

瓊州府之建置，緣始於唐德宗貞元五年（789），嶺南節度使李復，奏置瓊州都督府，隸屬於嶺南西道。中經宋元明清四代，建制名稱迭有變更，隸屬亦略有不同，然府乃省以下，縣以上之一級行政區劃，其最高長官爲知府。而府志之纂修，亦多由府之一級官吏主持修輯。

按《瓊州府志》，無論任何刊本，所繫皆係瓊州歷代重要史事，其內容詳略各有差異，臚列門目必亦不同。但就史學理念言之，必亦深具學術研究參考價值矣。

B3001

〔正德〕瓊臺志　四十四卷

（明）上官崇修　唐冑纂　民國七十四年（1985）　臺北　新文豐出版社印行　影印本

（518）面　有圖表　26公分　精裝

（天一閣方志叢書　廣東省十八）

按《正德　瓊臺志》，凡四十四卷。全志主要內容，計分：郡邑疆域圖、郡沿革表、郡邑沿革考、郡名、

分野、疆域、形勝、氣候、山川、水利、風俗、土產、戶口、田賦、鄉都、墟市、橋樑、公署、倉場、鹽場、驛遞、舖舍、學校、社學、書院、兵防、平亂、海道、黎情、樓閣、壇廟、寺觀、古蹟、塚墓、職役、秩官、破荒、啓土、按部、名宦、流寓、罪放、人物、紀異、雜事、文類、詩類等四十七門。

　　本志書體裁龐浩，各門目記載甚詳，尤以土產一門更爲齊備。每門目紀載次序，郡事以下則按瓊山、澄邁、臨高、定安、文昌、會同、樂會、儋州、昌化、萬州、陵水、崖州、感恩等十三州縣，依次詳記之。

　　上官崇修、唐冑纂《正德　瓊臺志》，現存刊本，就目前國內外公藏者，依其刊版及年代，分別著述於次，以供查考。

原刻本　明正德十六年（1521）　刻本
　　大陸：天一（缺卷二十二、二十三）
　　　　　　科學（膠卷）　南京（膠卷）
影印本　民國五十三年（1964）上海古籍書店，據
　　　　〈天一閣藏明代地方志選刊本〉影印
　　大陸：北京　首都　故宮　上海　天津　吉林
　　　　　山西　山東　甘肅　南京　江西　廈門
　　　　　湖北　湖南　廣東　暨大　廣西　四川
　　　　　北培（計七十單位庋藏，廣傳於世）
　　　　　民國七十四年（1985）臺北新文豐出版社
　　　　　，據天一閣藏明正德十六年（1521）刊本

影印

臺北：中圖　臺灣分館：670.8／4437　**V**.18

臺大　政大　北市圖　高市圖　省圖

抄　本（年次及所據刊本未詳）

大陸：天津

B3002

〔萬曆〕瓊州府志　十二卷

（明）戴　熺　歐陽璨修　蔡光前等纂　萬曆年間刊本

14冊　有圖　27公分　線裝

卷十二（災祥志）記載至萬曆四十六年（1618）

按《萬曆　瓊州府志》，凡十二卷。除首刊：戴序、凡例（十三條），修志姓氏外，全志主要內容，依其目錄及卷次，計分：十二門、九十五目。

輿圖志　卷之一

繪境內郡州邑疆域圖

沿革志　卷之二

地理志　卷之三

星野　疆域　形勝　氣候　風候　潮汐　漲海附山川　水利　鄉都　風俗　土產

建置志　卷之四

城池　公署附　壇祠　寺觀　菴塔附　橋渡　墟市　樓閣　坊表　古蹟　墳墓

賦役志　卷之五

　　戶口　土田　科則附　稅糧　商稅附　魚課　鹽
　　課　鈔課　土貢　均徭　均平　民壯　驛傳　雜
　　役　會計

學校志　卷之六

　　府學　州縣學　名宦、鄉賢祠附　社學　學田
　　書院　各義學附

兵防志　卷之七

　　兵官　兵制　兵餉　屯田　兵署　營寨、教場附
　　兵器

海黎志　卷之八

　　海防　海寇　海夷　黎情　撫黎　平黎　議黎
　　平亂附

秩官志　卷之九

　　監司　官師　武職　名宦　流寓

人物志　卷之十

　　諸科　鄉科　甲科　歲貢　選貢附　武舉　例監
　　掾吏　封廕　方伎　鄉賢　列女

藝文志　卷之十一

　　表　疏　記　序　議　銘　贊　誠　賦　詩
　　歌

雜　志　卷之十二

　　災祥　紀異　仙釋　遺事

戴　熺、歐陽璨修、蔡光前等纂《萬曆　瓊州府志

》，雖有梓版，唯流傳欠廣。目前國內外公藏者，知見藏板，分別臚述於次：

　　原刻本　明萬曆年間（年次未詳）　刊本

　　　日本：國會圖書館（161～3）

　　景照本　臺北市國立中央圖書館，據日本國會圖書館藏，明萬曆年間刊本（微縮捲片）景照（年次未詳）

　　　臺北：中央圖書館

B3003

〔康熙〕瓊郡志　十卷

　　（清）牛天宿修　朱子虛纂　　康熙十二年（1673）修　康熙十五年（1676）　刻本

　　10冊　有圖表　26公分　線裝

　　本《瓊郡志》，又名《瓊州府志》，俗稱〈牛志〉，乃續《萬曆　瓊州府志》重修，定例爲天文、地理、人事三綱，凡十卷。其主要內容，依目錄及卷次，分述於次，以供查考。

　　卷之一　（殘缺）尙待查補

　　卷之二　建置志

　　　城池　公署　樓閣　寺觀　壇廟　坊表　橋渡
　　　墟市　古蹟　墳墓

　　卷之三　賦役志

　　　戶口　土田　科則　錢糧　魚課　鹽課　鈔課

　　土貢　均徭　均平　民壯　驛傳　雜役

卷之四　學校志　附社學書院

　　府學　州縣學　祭器　學田

卷之五　兵防志

　　兵官　兵制　兵餉　屯田　兵署　營寨　兵田

卷之六　秩官志　附監司

　　官師　武職　名宦　流寓

卷之七　人物志

　　諸科　鄉舉　歲薦　選貢　武科　例監　掾吏

　　封廕　鄉賢　孝友　卓行　儒林　義勇　隱逸

　　耆舊　烈女

卷之八　海黎志

　　海防　海寇　邊海外國　黎情原黎　諸黎　邨峒

　　撫黎　平黎　議黎　平亂

卷之九　藝文志

　　表　疏　記　序　賦　歌　銘　傳　詩

卷之十　雜　志

　　紀異　僊釋　方技　遺事

　　按《康熙　瓊郡志》，於清康熙十二年（1673）修，康熙十五年（1676）刊行。目前國內外庋藏者，分別臚述於次：

　　原刻本　清康熙十五年（1676）　刊本

　　　大陸：北京（缺卷之一）

　　　　　　南京地理所（存卷一、二）

廣東（微縮捲片）

B3004

〔康熙〕瓊州府志 十卷

（清）焦映漢修　賈　棠纂　康熙四十五年（1706）　刻本

9冊　有圖表　26公分　線裝

按《康熙　瓊州府志》，凡十卷（全志之內容待查）。其藏板稀少，目前國內外公藏者，就其所知分列於次，以利查考。

原刻本　清康熙四十五年（1706）　刻本

大陸：中央黨校圖書館（缺卷二）

B3005

〔乾隆〕瓊州府志 十卷

（清）蕭應植修　陳景塤纂　乾隆三十九年（1774）刻本

16冊　有圖表　25公分　線裝

按《乾隆　瓊府府志》，凡十卷。除首刊各序文及修志姓氏外，其主要內容，依目錄及卷次，分別著述於次，以供參考。

卷之一　地輿志

興圖　星野　沿革　疆域　風俗　氣候　潮汐附
都圖　墟市附　山川　古蹟　物產

卷之二　建置志

　城池　公署　學校　書院、義學、社學附　壇廟
寺觀附　橋樑　津渡附　坊表　塋墓附

卷之三　田賦志

　戶口　土田　科則　錢糧　均徭　均平附　積貯
鹽課　雜稅

卷之四　軍政志

　戎職　兵制　兵餉　屯田　戎署　營汛

卷之五　職官志

　官秩　名宦　流寓　武功　世襲附

卷之六　選舉志

　進士　鄉舉　貢選　徵辟　封廕

卷之七　人物志

　列傳　忠義　孝友　儒林　文苑　懿行　隱逸
耆舊附　列女

卷之八　海黎志

　防海　海寇　土寇附　邊海外國　黎岐　平黎
撫黎　條議

卷之九　藝文志

　敕　表疏　書　傳　序　記　賦　詩

卷之十　雜　志

　遺事　災祥　紀異　方伎　仙釋

蕭應植修、陳景塤纂《乾隆　瓊州府志》，其刊行
年代，公私著錄略有差異，大都署爲乾隆三十九年（

1774）歲次甲午，然亦有著爲乾隆四十年（1775）歲次乙未刊行（據宣東粵使者姚成烈〈瓊州府志序〉、廣東糧驛道吳九齡〈修瓊州府志序〉，係署乾隆乙未）。目前國內外公藏者，分列於次：

原刻本　清乾隆三十九年（1774）　刻本

　　美國：國會圖書館

　　英國：里茲大學圖書館250

　　臺北：故宮172

　　大陸：故宮　南京地理所

B3006

〔道光〕瓊州府志　四十四卷　首一卷

　　（清）明　誼修　張岳崧纂　　道光二十一年（1841）刻本

　　26冊　有圖表　25公分　線裝

　　按《道光　瓊州府志》，凡四十四卷、首一卷。其內容較諸志詳備而富美，就志之目錄及卷第，綜述於次，以供參考。

　　序圖表　卷　首

　　輿地志　卷之一～五

　　　歷代沿革　星野　氣候　潮汐附　疆域　風俗

　　　山川　嚴洞　井泉附　水利　物產

　　建置志　卷之六～十一

　　　城池　公署附　學校　書院　壇廟　都市　橋渡

　　倉儲　坊表　古蹟　塋墓　養濟

經政志　卷之十二～十七

　　銓選　祿餉　錢法附　戶口　土田　耤田附　屯
　　田　科則　賦役　土貢附　鹽法　榷稅　豁免、
　　積弊附　祀典　釋奠　學制　兵制　郵政　船政

海黎志　卷之十八～二十二

　　海防　風潮　海寇　防海條議　黎情　村峒　關
　　隘　防黎　撫黎附　黎議

職官志　卷之二十三～二十五

　　文職　武職

選舉志　卷之二十六～二十八

　　徵辟　進士　舉人　武科　貢選　吏員　營弁
　　封廕

官師志　卷之二十九～三十二

　　宦績　武功　謫官　流寓

人物志　卷之三十三～三十七

　　名賢　忠義　孝友　儒林　文苑　篤行　卓行
　　隱逸　耆舊　旌壽附　方伎　仙釋　列女

藝文志　卷之三十八～四十一

　　敕　表　疏　記　序　傳　書　議　跋　銘
　　雜文　祭文　賦　詩

雜　志　卷之四十二～四十四

　　事紀　書目　金石　遺事　紀異

張岳崧纂《道光　瓊州府志》之刊本，除清道光二

十一年（1814）之〈原刻本〉外，尚有：〈修補本〉、
〈補刊本〉、〈重印本〉、〈影印本〉四種。且廣爲流
傳，分藏於國內外各文教機構，暨圖書館者，依刊本年
代，就其知見藏板，臚著於次：

原刻本　清道光二十一年（1814）序　刻本

　　美國：國會圖書館（二十四冊）

　　英國：英吉利圖書館　劍橋大學　倫敦大學

　　日本：國會圖書館靜嘉堂文庫（二十六冊）

　　　　　九州大學圖書館（支文16～267）

　　大陸：科學　北大　天津　遼寧　華東師大

　　　　　吉大　杭大　湖南　廣東　華南師院

　　　　　川大　浙江　旅大　北碚　廣東博

修補本　清同治五年（1866）　修補本

　　日本：京都大學人文科學研究所

補刊本　清光緒十六年（1890），知府林隆斌補、
　　　　郭金峨校之補刊本

　　美國：國會圖書館（二十六冊）

　　　　　加州大學柏克萊圖書館（二十三冊）

　　英國：劍橋大學　達倫大學　愛丁堡大學

　　日本：國會圖書館（二十六冊）

　　　　　東洋文庫（二十四冊）

　　　　　天理圖書館（二十四冊）

　　　　　大阪府立圖書館（二十六冊）

　　臺北：史語　臺大　臺灣分館：770／BD1（南）

　　大陸：北京　　上海　　南大　　天一　　廣西民院

　　　　　廣東　　中大　　湖北　　吉林　　科學　　蘇州

鉛印本　　民國十二年（1923）海南書局鉛印本（俗
　　　　　稱民國本），據清光緒十六年（1890）補
　　　　　刊本重印（鉛字排印）

　　美國：史丹福大學東亞圖書館（十一冊）

　　　　　加州大學柏克萊圖書館（十冊）

　　日本：國會圖書館（十冊）

　　臺北：臺大128　　臺灣分館：A770／BD1（南）

　　大陸：北京　　復旦　　上海　　辭書　　東北師大

　　　　　廈門　　武大　　中大　　廣東　　廣西一　　川大

　　　　　北碚　　浙江　　溫州　　湖北　　南京

重印本　　民國五十年（1961）臺北市海南同鄉會，
　　　　　據雲大選（香泉書室）珍藏，民國十二年
　　　　　海南書局鉛印本影印（五百部，每部五大
　　　　　冊）

　　日本：京都大學人文科學研究所（五冊）

　　　　　東北大學圖書館（五冊）丙 C -4-345

影印本　　民國五十六年（1967）臺北市成文出版社
　　　　　，據清道光二十一年（1841）修，光緒十
　　　　　六年（1890）補刊本影印（中國方志叢書
　　　　　：華南地方　　第四十七號，每部精裝二大
　　　　　冊，計一〇三六面）

　　美國：史丹福大學東亞圖書館：3220／5604 Ｖ.

47

臺北：臺灣分館：673.31／6703

B3007

瓊州志

　　　佚　名　　舊鈔本

　　28頁（雙面）　25公分　線裝（善本書）

　　按《瓊州志》不分卷，亦無目次，然窺全志，以繫瓊州事爲主要內容，其類目計分：疆圍形勝、海黎防護、民風土俗、防海、安黎、黎人總說、服飾狀貌、孳生出產、居處、宴會飲食、結婚、納聘、迎親、禱巫、耕、穫、織、漁、獵、採藤、採香、運木、渡、交易、傳箭、戰、鬥、香等二十八項（目）。

　　本《瓊州志》，未著纂修人，亦無刊行年代，然於〈防海〉、〈安黎〉、〈戰〉三目中，所繫州事，著有「我朝」字樣，若係指「清代」，但究係何朝，尚待方家查考。

　　庋藏者：中研院史語所69

四、州　志

　　州志者，亦方志名稱之一種，係記述一州範疇之志書也。州之行政長官爲知州，州志多由州一級官吏（亦就知州）主持纂修。瓊州府屬儋州、萬州、崖州，就其目前公

藏之州志，分別臚著於次，以供學術研究參考。

（一）儋州志

儋州，現稱儋縣。僻處海陲，然自漢武帝元鼎六年（西元前一一一年），伏波將軍路博德，平定南越置儋耳郡。筆路藍褸，草昧經營，於瓊州府屬州縣中，建置歷史最為悠久之州。

宋代文豪蘇文忠（蘇軾，字東波），以事謫儋，日與黎王諸賢，笠履往還，唱酬吟詠，文風蔚成，飛黃騰達，代有聞人。

儋州志之纂修，肇始於宋代《南寧軍志》（今儋縣），明代由知州曾邦泰重修《萬曆　儋州志》（三集），至清一代，凡三修（清修本三志），迄民國二十二年（1934）縣長彭元藻修、王國憲纂《儋縣志》止。先後凡六次修志，其中以《民國　儋縣志》十八卷首一卷，內容最為詳備而富美，亦最具史料價值。茲就見藏者，著述於次：

B4101

〔萬曆〕儋州志　三集

（明）曾邦泰修　董　綾纂　　萬曆四十六年（1618）序　刻本

3冊　有圖表　25公分　線裝

按《萬曆　儋州志》，主要內容，計分：三集、二十一志（門）、六十九目，分別臚述於次：

天集：輿圖志　沿革　疆域　廂都

星候志　星野　風候　氣候　潮候

地里志　形勝　漲海　山川　土產　墟市

民俗志　習尚　言語　居食　節序

秩官志　文職　儒職　武職　雜職

建置志　城池　公署　坊表　驛舖　橋渡
　　　　堤岸　陂塘

食貨志　戶口　田賦　丁役　鹽鈔　襍稅

地集：學校志　學宮　學署　祭器　書籍　學田
　　　　　　　社學　書院　鄉約所

秩祀志　廟　壇　祠

選舉志　薦辟　科目　歲貢　例監　恩綸
　　　　武功

兵防志　武署　軍器　軍糧　兵額　兵船
　　　　屯田　營堡　墩堠　海防

名宦志

鄉賢志

流寓志

列女志

祥異志

人物志

古蹟志　丘墓附

黎岐志　原黎　平黎　統黎　海境附

人集：藝文志　表　歌　賦　記　序

　　　　詩　　傳　　銘

　　外　志　寺觀　仙釋　方技

　　曾邦泰修《萬曆　儋州志》，雖有刊本，唯因年代久遠，致流傳欠廣。目前國內外庋藏者鮮，就其罕見藏版，依刊本及年代，著錄於次：

　　明刊本　萬曆四十六年（1618）序　原刻本

　　　日本：尊經閣文庫（三冊）

　　景照本　據日本尊經閣文庫藏，萬曆四十六年序刻

　　　　　　本(微縮捲片)景照

　　　臺北：中央圖書館

B4102

〔康熙〕儋州志　三卷

　　（清）韓　祜纂修　　康熙四十三年（1704）序刊本

　　3 冊　有圖表　25公分　線裝

　　韓　祜修〔康熙　儋州志〕，其主要內容，凡三卷，計分二十類（志），共有七十五目，分著於次，以供查考。

　　　卷之一

　　　　疆域志　輿圖　沿革　郡名　廟都

　　　　星野志　氣候　風候　形勝　漲海　山川　水利

　　　　　　　　土產　墟市

　　　　民俗志　習尚　居食　節序　蛋俗　番俗

秩官志

建置志	城池	武署	坊表	橋渡		
賦役志	戶口	田賦	鹽鈔	屯糧	雜稅	土貢
	均徭	均平	新派	雜役	會計	

卷之二

學校志	學宮	泮池	學署	書籍	學田	社學
	書院					
秩祀志	壇	廟	祠			
選舉志	薦辟	科目	鄉舉	歲貢	例監	恩綸
	武功					
兵防志	軍器	兵額	巡司	弓兵	保甲	鄉兵
	屯田	營堡	墩堠	海防		

名宦志

鄉賢志

流寓志

貞節志

祥異志

人物志

古蹟志	墓			
黎岐志	原黎	平黎	統黎	海境附

卷之三

藝文志	表	歌	賦	記	序	詩	傳	銘
外　志	寺觀	仙釋	方技（註：正文缺）					

按《康熙　儋州志》，凡三卷。係由知州韓祐（舊

志或新志，多誤作祐或佑）氏纂修，雖有刊本，唯因年代久遠，流傳欠廣，罕見藏板。目前國內外叝藏者，就其刊本及年代，分列於次：

原刻本　清康熙四十三年（1704）　刻本
　　大陸：故宮博物院圖書館
複製本　據故宮博物院藏，清康熙四十三年刊本，
　　　　靜電複製本（年次未詳）
　　大陸：廣東省山中圖書館
抄　本　（所據母本未詳）
　　大陸：北京圖書館

B4103

〔民國〕儋縣志　初集（不分卷）

　　（清）王雲清　唐丙章纂修　　光緒三十年（1904）修（王序）　民國十七年（1928）　石印本
　　30頁（雙面）　25公分　線裝

　　王雲清，原名奉三，號月樵，儋州茶蘭村人。清德宗光緒十五年（1889）己丑科進士，由榜上知縣簽分湖北，加同知銜到省候委，制軍張春清愛之，繼以調簾分校諸差，皆卓出班行，即擬檄委署縣，而雲清宦情已淡，與同鄉同志潘孺初等談及時事，急流勇退，遂主講麗澤、東坡兩書院，發明蘇文忠教儋之學說。著有：儋耳賦、詩文遺稿子。讀書隱居，傳其家學。儋志百有餘年未修，教讀餘暇間，纂輯志乘，數年方能畢業，付梓未

完，不料縣城被燬，悉付焚如，殊深嘆惜矣。彭元藻修
、王國憲纂《民國　儋縣志》卷十六：人物志（儒林）
，有傳。

　　案：王雲清，由廩生以北監名遊太學，清德宗光緒
十一年（1885），中乙酉科順天榜第一百三十名舉人。
登光緒十五年（1889）己丑科進士（張建勳榜），至光
緒十八年（1892）壬辰科殿試題名，碑列入劉福姚榜，
第三甲第一百五十八名。

　　按《民國　儋縣志》（初集），既無目錄，亦無凡
例，於正文題〈儋耳賦〉，下署「王雲清初稿」。全書
不分卷，其主要內容，僅王著〈儋耳賦〉（八頁），暨
注釋（九～三十頁）而已。

　　王雲清《民國　儋縣志》初集（不分卷），係清光
緒三十年（1904）修（王序），於民國十七年（1928）
刊行（石印本），故公私署著爲《民國　儋縣志》。雖
有梓版，唯流傳欠廣，目前國內外圖書館，暨文教機構
，罕見藏版，僅就知見者，列著於次，以供查考。

　　石印本　民國十七年（1928）刊行
　　　大陸：一史館　保定　湖南　廣東　廣東博

B4104

〔民國〕儋縣志　十八卷　首一卷
　　彭元藻修　王國憲纂　民國二十五年（1936）　海
南書局　鉛印本

8冊　有圖表　25公分　線裝

按《民國　儋縣志》（續修），凡十八卷。除卷首
刊載：序、舊序、原序、儋耳賦、儋耳詠、續修職名、
敘例、目錄、輿圖，沿革表之外，其主要內容，計分：
十三門（志）、一○八目，依次：

地輿志　卷一～卷三

疆域　沿革　星野　氣候　風候附　潮候　形勝
山川　海港　市鎮　橋渡　井塘　公路　廂都
圖里　習俗　節敘　物產

建置志　卷四

城池　公署附　學校　鄉飲酒附　書院　學堂
壇廟　倉儲　坊表　古蹟　塋墓　養濟

經正志　卷五～卷七

兵制　營汛　戶口　土田　屯田　科則　稅課
雜稅　詮選　祿餉　賦役　土貢　鹽課　豁除
積弊附　郵政　黨部　保甲　警衛　法院
祀典　釋奠　學制　學田附

海黎志　卷八

海防　風潮　海寇　黎情　村峒　關隘　防黎
平黎附　黎議　黎告

金石志　卷九

碑銘　銘記　碑

藝文志　卷十～卷十一

居儋錄　雜詩　雜文　近代詩集　附現存人詩

職官志　卷十二
　文職　武職
選舉志　卷十三～卷十四
　徵辟　進士　文舉　欽賜附　武舉　貢選　仕宦
　例員　弁員　封蔭　學校畢業　　鄉宦　軍官
官師志　卷十五
　宦績　武功　謫宦　流寓
人物志　卷十六～卷十七
　名賢　忠義　孝友　儒林　文苑　篤行　卓行
　耆舊　旌壽附　耆壽　隱逸　方技　仙釋　列女
雜　志　卷十八
　事紀　書目　遺事　紀異

彭元藻修、王國憲纂《民國　儋縣志》（續修），
不僅敘例詳備，內容富美，同時梓板最新，流廣最廣，
目前國內外圖書館，暨文教機構，庋藏者頗眾，就其刊
本及年代，列著於次：

鉛印本　民國二十五年（1936）海南書局鉛字排印
　美國：國會圖書館　史丹福大學：3230／2726.9
　英國：劍橋大學　　英吉利圖書館
　日本：東洋文庫（ q －119）
　臺北：內政部方志室（現移中央圖書館藏）
　大陸：北京　北大　科學　旅大　遼寧　吉大
　　　　上海　溫州　武大　華南師院　　辭書
　　　　廣東　中大　南京地理所

影印本　民國六十三年（1974）成文出版社印行（
　　　　中國方志叢書：華南地方　第一九一號）
　　　　依據民國二十五年五月，海南書局（鉛印
　　　　本）影印（精裝四冊）
　　美國：史丹福大學：3230 / 2629.9
　　臺北：中央圖書館臺灣分館：673.79115 / 4214

（二）萬州志

　　萬州，漢屬珠崖郡地。唐貞觀五年（631），始改萬安
縣，屬瓊州治。五代爲萬安州，宋曰萬安軍，明代稱萬州
。於清光緒三十一年（1905）四月，岑春煊奏改萬縣，屬
崖州直隸州。迨民國肇立，以與四川省萬縣重複，於民國
三年（1914），改稱萬寧縣（今名）。

　　萬州，現名萬寧縣，古稱萬安，或曰萬縣，皆無縣志
。然〈萬州志〉纂修源流，緣自宋代《萬安軍圖經》，於
明神宗萬曆年間，先有州人鄭敦復著《古寧野紀》（屬外
紀性質），續有知州茅一桂修《萬曆　萬州志》（創輯）
，迨清代三修，俗稱〈清修本〉，分由知州李琰修《康熙
萬州志》（初修本），知州汪長齡修《嘉慶　萬州志》（
繕本），萬州知州事胡端書修《道光　萬州志》（續修本
）止。萬州志書之纂修，大凡六次，中經宋元明清（宣宗
道光八年）四代，約七百有餘年。於今所見者，只有〈康
熙修李志〉、〈道光修胡志〉二種而已，餘者罕見藏板，
似已佚傳，殊深憾惜。

B4201

〔康熙〕萬州志 四卷

（清）李 琰修 朱仲蓮纂 康熙十八年（1679
） 刊本

4冊 有圖表 25公分 線裝

今名：萬寧縣

按《康熙 萬州志》，凡四卷，計分十八門（志）
，共七十九目。於卷一（正文）之前，首載〈舊志敘〉
（李琰序）、〈重修萬州志目錄〉、〈萬州志凡例〉（
十三條）。其主要內容，依目錄，分別著述於次，以供
參考。

卷一 輿圖志 境圖 沿革 事紀

星候志 星野 氣候 風候 潮汐附

地里志 形勝 里至附 山川 港灣附
陂塘 溝渠井泉附 都市

建置志 城池 署廨 舖遞 關街附 坊表
橋渡

卷二 賦役志 戶口 田賦 丁役 雜稅附

學校志 儒學 祭器 書籍附 學田 學塘
附 社學書院 鄉約所附

秩祀志 廟壇 庵寺 祠樓附

職官志 知州 ○貳 雜職 教職
註：○者係字跡難認

流寓志 謫賢 僑寓 罪放附

卷三　防禦志　軍制　武鎮　衛所附　農兵

　　　　武略志　遊擊　守備　守禦

　　　　選舉志　薦辟　科目　明經　例監　吏選
　　　　　　　　恩封

　　　　人物志　鄉賢　孝行　義行

　　　　節烈志　烈婦　節婦

　　　　土俗志　時序　風俗　黎蛋俱附　土產

　　　　外　志　古蹟　釋道　雜記

卷四　藝文志　記　傳　墓誌　碑文　祭文　詩
　　　　　　　　賦　平黎論　條議附

　　李琰修《康熙　萬州志》之刊本，流傳欠廣，罕見
藏板，目前國內外庋藏者，分列於次：

原刻本　清康熙十八年（1679）　刊本

　　臺北：故宮（四冊）173

　　大陸：北京　上海（微縮捲片）

B4202

〔道光〕萬州志　十卷

　　（清）胡端書修　楊士錦纂　道光八年（1828）修
刊本　崇聖祠藏板

　　4冊　有圖表　25公分　線裝

　　按《道光　萬州志》，凡十卷，分門十五、目九十
二。於正文之前，首載：胡端書〈續修萬州志序〉，鄭
敦復〈古寧野紀舊敘〉、〈古寧野紀稿成序〉，李琰〈

舊志敍〉，以及各志〈修志姓氏〉、〈凡例〉，〈萬州志目錄〉、〈本州八景總目〉、〈東山八景總目〉。依卷次分列其門目於次，以供研究參考。

卷一　訓　典
　　　　沿革表　歷代　　國朝
卷二　職官表　歷代　　國朝
　　　　選舉表　薦辟　進士　鄉舉　武科（文武仕官附）　選貢　例貢　例職（文職武職）　例監　封贈　鄉賓附
卷三　輿地略　疆域　形勝　分野　氣候　風候、潮汐附　戶口　風俗　　時序附　土產
　　　　山川略　山　七星墩附　川　港灣塘井附水利　溝陂附
卷四　海防略　海防　條議　邊海外國
　　　　建置略　城池　廨署　學校　書院　社學壇廟　津梁
卷五　經政略上　詮選　祿餉　田賦　鹽法　榷稅積貯　社倉
卷六　經政略下　祀典　土貢　學制　科場經費書院義學經費　兵制　駐防旗兵馬政　郵政　口糧　監倉　船政
卷七　前事略　歷代　　國朝
卷八　藝文略　疏　傳　略　記　賦　詩　文　詞

卷九　古蹟略　城址　署宅　亭附　坊表　塔附
　　　　　　　塚墓　寺觀附
　　　宦蹟錄　歷代　國朝
　　　謫宦錄　歷代　罪放附　流寓　仙釋　黎岐
　　　　　　　條議
卷十　列　傳　忠孝　義行　文學　節烈
胡端書修《道光　萬州志》（續修），公私著錄皆
署爲清道光八年（ 1828）刊行。目前國內外圖書館或
文教機構庋藏者，計有：原刊本、鉛印本、油印本三種
藏板，依刊本及年代，臚著於次：
原刊本　道光八年（1828）重鐫　崇聖祠藏板
　　英國：倫敦大學
　　日本：東洋文庫（四冊）二部　 q－111　 112
　　臺北：內政部方志室（現移中央圖書館藏）
　　大陸：北大　人大　文物　民官　華南師院
　　　　　天津　旅大　南大　浙江　湖南　廣東
　　　　　中大　辭書　南京地理所
鉛印本　民國三十七年（1948）鉛字排印
　　大陸：廣東
　　臺北：私人藏書（二冊：卷上、卷下）
油印本　民國四十七年（1958）廣東省中山圖書館
　　　　手寫鋼板油印
　　大陸：北京　首都　科學　考古所　一史館
　　　　　故宮　民宮　民院　北師大　山西大

吉林　甘肅　青海　福師大　華東師大

安徽　安大　河南　廣東博　廣西博

川師　廣西師院等五十單位

（三）崖州志

崖縣原稱崖州，現名三亞市，乃瓊州南部政治、經濟、文化之中心。在歷史上，唐虞屬南交，三代爲揚越南裔，秦爲象郡之外徼，漢屬珠崖郡地。

自南朝梁武帝中大同年間（546），置崖州（州治古儋耳地）屬揚州。中經隋唐、五代，至宋元明三代，其間建置名稱，變更頻仍，不勝列舉。迨清光緒三十一年（1905），岑春煊奏升崖州爲直隸州，屬瓊崖道。民國肇立，於元年（1912）改稱崖縣，三十九年（1950）五月，海南易幟，一九八四年五月撤銷崖縣，成立三亞市，以原崖縣地爲行政區域。

崖州志牒，既無崖縣志，亦無三亞市志，於今所傳者，祇崖州志而已。其纂修源流久遠，有信史稽考者，最早始於宋人《吉陽軍圖經》，明儒鍾芳（州人）著《崖州志略》，迨清一代，除州學訓導黎上升著《吉陽錄》外，先後凡四修，依次：張擢士修《康熙　崖州志》、李如柏纂《康熙　崖州志》、宋錦修《乾隆　崖州志》、鍾光棣修《光緒　崖州志》。另湯寶棻纂《崖州直隸州鄉土志》，未著年代（參見鄉土志）。於今廣傳者，宋錦（乾隆修本）、鍾光棣（光緒修本）二志而已。

B4301

〔乾隆〕崖州志　十卷

（清）宋　錦修　黃德厚纂　　乾隆二十年（1775）李璜序　刊本

6冊　有圖表　25公分　線裝

按《乾隆　崖州志》（重修），凡十卷，計分十一門（志），共有七十二目。其志書之主要內容，除首載李璜〈重修《崖州志》序〉、李如柏〈舊序〉外，依〈崖州志目錄〉，列述於次，以供參考。

卷之一　疆域志

興圖　星野　沿革　形勝　山川　鄉都

卷之二　建置志

城池　公署　舖舍　壇廟　亭閣　坊表

橋梁　津渡　墟市　古蹟

卷之三　賦役志

戶口　田土　實徵錢糧　國朝新頒全書

卷之四　學校志

學宮　廟號　姓氏　典禮

卷之五　兵防志上

營制　弓兵民壯　鄉兵附　兵餉　屯田

武官署　營寨　軍器　武功

海防志下

海防　海寇　外國　黎情　村峒附

撫黎　平黎　平亂

卷之六　秩官志
　　　　　元勳　官師　武職　名宦　開定名宦
　　　　　流寓附
卷之七　人物志
　　　　　諸科　進士　鄉舉　恩拔　副榜附　歲
　　　　　薦　恩貢附　武科　監生　掾吏　封蔭
　　　　　鄉賢　孝友、儒林、逸士附　貞烈
卷之八　風土志
　　　　　氣候　風潮附　風俗　土產
卷之九　災祥志
　　　　　災祲　紀異　遺事
卷之十　藝文志
　　　　　文　　詩

宋錦修《乾隆　崖州志》，其刊行年代，各家方志目錄，皆署著清乾隆二十年（1755）刻本。目前國內外各圖書館或文教機構庋藏者，計有：原刻本及手抄本二種，茲就知見藏板，分述於次：

原刻本　清乾隆二十年（1755）刻本（傳鈔本）
　臺北：故宮（173）
　大陸：北京　故宮　天津　南開
手抄本　民國四十二年（1953）鈔本
　美國：國會圖書館（六冊）
　大陸：北京　南開　廣東　科學（微縮捲片）

B4302

〔光緒〕崖州志　二十二卷

（清）鍾元棣修　張　雋纂　　光緒二十七年（1901）修（鍾序）　光緒三十四年（1908）補訂（邢序）　民國三年（1914）　鉛印本

10冊　有圖表　25公分　線裝

按《光緒　崖州志》，凡二十二卷，計分十一類門（志），共一一一綱目。舉凡州事，必亦考實，分門別類，廣為詳誌，以備資考。其主要內容，除諸序刊於卷首外，特就目錄，依其卷數，列述於次：

興地志　卷一至卷四

沿革　疆域　氣候　潮汐　風俗　山　川　港

附灣　塘　溝　陂　井　物產　穀類　蔬類

花類　果類　草類　竹藤類　香類　木類　禽類

獸類　鱗類　介類　昆蟲類　蛇類　金銀類

石類

建置志　卷五

城池　公署　學宮　學校　壇廟　倉儲　鄉都

舖舍　津渡　橋樑　墟市　坊表　塋墓　亭閣

塔　古迹

經政志　卷六至卷十一

詮選　祿餉　留支經費　節省均平各款　戶口

土田　屯田　派征則例　賦役　鹽法　榷稅

土貢　祀典　釋奠考　慶典　學制　學田　學規

　　　貯書　兵制　營汛　軍器　巡警
　海防志　卷十二
　　　海防　環海水道　海寇　土寇附　海防條議
　黎防志　卷十三至卷十四
　　　黎情　村峒　關隘　撫黎　平黎　明季事迹
　　黎防條議
　職官志　卷十五
　　　職官　文職　武職
　選舉志　卷十六
　　　諸科　舉文學　徵辟　舉經明行修　舉人材
　　　進士　鄉舉　武舉　恩貢　歲貢　入監　掾吏
　　　封蔭　例員
　宦績志　卷十七
　　　名宦　謫宦　流寓　武功
　人物志　卷十八
　　　名賢　忠義　孝友　儒林　文苑　篤行　卓行
　　　隱逸　耆舊　耆壽　烈女
　藝文志　卷十九至卷二十一
　　　誥贈文　御祭文　疏　記　雜文　書牘　志　傳
　　　詩
　雜　志　卷二十二
　　　災異　紀異　書目　金石　遺事
　　鍾元棣修《光緒　崖州志》，其刊行年代，據鄭紹
材〈新刊崖州志跋〉，此志於清光緒二十七年（1901）

修，光緒三十四年（1908）補訂，然出版未果。迨民國三年（1914），始印行一百套，致傳本罕見。目前國內外公藏者，依其刊本及年代，著述於次，以供查考。

原繕本　清光緒三十四年（1908）　補訂本
　　　　據杜定友〈廣東方志目錄〉、李景新〈廣東方志總目提要〉、朱士嘉〈中國地方志綜錄〉、黃蔭普〈廣東文獻書目知見錄〉，著列於次：
　　大陸：中大　東方
鉛印本　民國三年（1914）鉛印本
　　　　據清光緒三十四年（戊申）繕本鉛印
　　美國：國會圖書館
　　大陸：一史館　吉大　蘇州　廣東　中大
橫排本　一九六三年四月　鉛印本
　　　　據民國三年（甲寅）鉛印本，重新橫行鉛字排印
　　臺北：學者私人藏書
　　大陸：北京　復旦　南開　遼寧　南京　安大
　　　　湖北　廣東　廣西一　陝師大
抄　本　依據之刊本及年代，未加著錄
　　大陸：暨大

五、縣　志

縣志，方志種類名稱也。係以一縣爲範圍，記古今人、事、物之地方志書。乃地方志之基幹，亦是省、府、州志纂修時必需采掘資料。於明清時代，縣爲中央集權下，最基層行政區域，長官是知縣。縣志多由知縣主修，亦有由當地出身之中央官吏或知名人士、學者纂修。

縣志特性之一，貴在詳實。其縣志之內容，在縱面言之，既載古，又記今。於橫面言之，既記政治、經濟、軍事、文化、民情、風俗，又述天象、氣候、山川、形勝。於是足見，一縣古今人、事、物無所不載，既係一縣資治之書，又可備修史參考，殊具史料價值矣。

縣志佔志書總量大部分，於今國內外各圖書館及文教機構，庋藏海南方志計有四十九種，其中縣志三十種（佔61.224％），以清代爲最多，特分縣依其年次，臚著於次，以供學術研究參考。

(一)瓊山縣志

瓊山縣，府郡首邑也，治在郡中，於是事多繫郡志。其縣志之纂修，源流久遠，考諸典籍，有史稽證者，始自元代，蔡微纂《瓊海方輿志》。迨清一代，地方志書，纂輯風尙，極爲鼎盛。於今國內外公藏者，多屬〈清修本〉各志，分別著述於次，以供方家參考。

B5011

〔康熙〕瓊山縣志 十二卷

（清）潘廷侯修　吳南傑纂　　康熙二十六年（
1687）修　舊抄本

8 冊　有圖表　25公分　線裝

按《康熙　瓊山縣志》，凡十二卷。其志之內容，
舉凡一邑之風尚所宜，戶口所載，以及山川、人物、土
田、賦役、兵防、學校、室廬、井疆、坊表、建置、沿
革，皆可按籍而稽矣。

輿圖志　卷之一
　繪境內郡邑疆域圖
沿革志　卷之二
地理志　卷之三
　星野　疆域　形勝　氣候　風候　潮汐　漲海附
　山川　水利　鄉都　風俗　土產
建置志　卷之四
　城池　公署　壇祠　寺觀　菴塔附　橋渡　墟市
　樓閣　坊表　古蹟　墳墓
賦役志　卷之五
　戶口　土田　科則　錢糧　魚課　鹽課　鈔課
　土貢　均徭　均平　民壯　驛傳　雜役
學校志　卷之六
　縣學　名宦、鄉賢祠附　社學　學田　書院
　義學附
兵防志　卷之七
　兵官　兵制　兵餉　兵署　兵器（詳府志）

秩官志　卷之八
　官師　武職　名宦　流寓
人物志　卷之九
　諸科　鄉科　甲科　歲貢　選貢附　武科　封廕
　鄉賢　孝友　儒林　卓行　義勇　隱逸　耆舊
　節烈
海黎志　卷之十
　海防　海寇　海夷　黎情　撫黎　平黎　平亂
藝文志　卷之十一
　表　　疏　　序　　賦　　詩　　歌
雜　志　卷之十二
　災祥　紀異　仙釋　方伎　遺事

　　潘廷侯修《康熙　瓊山縣志》，其修繕年代，各家
方志書目，大都署著爲清聖祖康熙二十六年（丁卯）修
，繕本稀少，國內外庋藏者，列述於次：
　舊抄本　康熙二十六年（1687）修　抄本
　　大陸：北京
　微縮片　北京圖書館據清康熙二十六年（1687）抄
　　　　　本攝製微縮捲片
　　大陸：上海　廣東

B5012

　〔康熙〕瓊山縣志　十卷

（清）王　贄修　關必登纂　　康熙四十七年（
1708）序　刊本

8 冊　有圖表　25公分　線裝

王　贄修《康熙　瓊山縣志》（重修），凡十卷，
計分十志（門），共九十有六目（含八附目）。其志書
主要內容，依〈目錄〉卷次，著述於次：

疆域志　卷之一

　輿圖　沿革　星野　氣候　附風候、潮汐、漲海
　地理　形勝　風俗　山川　廂都

建置志　卷之二

　城池　公署　附舖舍　壇廟　寺觀　附塔　樓閣
　坊表　橋渡　陂塘　墟市

賦役志　卷之三

　戶口　土田　科則　錢糧　魚課　鹽課　鈔課
　土貢　均徭　均平　民壯　驛傳　雜役

學校志　卷之四

　學宮　附祭器　名宦祠　鄉賢祠　學田　附學地
　社學　義學　書院

兵防志　卷之五

　兵官　兵制（詳府志）　兵餉（詳府志）　屯田
　兵署　營寨　兵器

秩官志　卷之六

　官師　名宦　流寓

人物志　卷之七

　　　　諸科　鄉舉　進士　歲貢　選貢　武科　例監
　　　　掾吏　封蔭　鄉賢　儒林　孝友　卓行　義勇
　　　　隱逸　耆舊　列女
　　海黎志　卷之八
　　　　海　　海寇　海防　邊海外國
　　　　黎　　撫黎　平黎　議黎
　　雜　志　卷之九
　　　　遺事　方伎　仙釋　土產　古蹟　塚墓　紀異
　　　災祥
　　藝文志　卷之十
　　　　詔　贊　疏　記　序　附箴戒　賦　詩
　　按王　贊修《康熙　瓊山縣志》，凡十卷。其刊本
年代，各家方志書目，大都署著清康熙四十七年（戊子
），於今罕見傳本，國內外庋藏者，列述於次，以供查
考。
　　原刻本　清康熙四十七年（1708）序　刊本
　　　日本：內閣文庫（八冊）
　　景照本　據康熙四十七年（1708）序刊本景照
　　　日本：東洋文庫（七冊）
　　微縮片　據日本內閣文庫藏板攝製微縮捲片
　　　大陸：北京　科學　上海　南京
　　照相本　據北京圖書館藏微縮捲片複印本
　　　大陸：廣東

B5013

〔乾隆〕瓊山縣志　十卷

（清）楊宗秉纂修　　乾隆十二年（1747）　　刻本

8冊　有圖表　25公分　線裝

按《乾隆　瓊山縣志》，凡十卷，計分十門（志），共八十有七目。除序（于霈序）、（楊宗秉序）、凡例（十九條）、目錄、修志姓氏、原序（附舊修志姓氏），刊於卷之首外。其志之內容，依其卷數，分述於次，以供查考。

疆域志　卷之一

　興圖　沿革　星野　氣候　附風候　潮汐　漲海
　地理　形勝　風俗　山川　廂都

建置志　卷之二

　城池　萬壽宮（續）　公署　倉儲（續）附社倉
　館亭（續）　附館舍　壇廟（續）附各祠　寺觀
　附塔　樓閣　坊表　橋渡　陂塘　墟市

賦役志　卷之三

　戶口　土田　科則　錢糧　屯政　魚課　鹽課
　鈔課　土貢

學校志　卷之四

　學宮　考較（續）　學田附學地　社學　義學
　書院

兵防志　卷之五

　兵制詳府志　兵餉詳府志　陸汛（續）　水師（

續） 水汛（續） 武職 官署 哨船（續）附營
寨
秩官志 卷之六
官師 名宦 流寓
人物志 卷之七
諸科 鄉舉 進士 歲貢 選貢 武科 例監
掾吏 封蔭 鄉賢 儒林 孝友 卓行 義勇
隱逸 耆舊 列女
海黎志 卷之八
海 海寇 海防 邊海外國
黎 撫黎 平黎 議黎
雜 志 卷之九
遺事 方技 仙釋 土產 古迹 塚墓 紀異
災祥
藝文志 卷之十
詔 贊 疏 記 序附箴戒 賦 詩
楊宗秉纂修《乾隆 瓊山縣志》，其纂修繕鐫年代
，各家方志書目，大都署著爲清高宗乾隆十二年（丁卯
）刻本。惟流傳欠廣，於今所知見之藏板稀少，國內外
庋藏者，著列於次，以供查考。
原刻本 清乾隆十二年（1747）修 刊本
大陸：故宮博物院圖書館

B5014

〔咸豐〕瓊山縣志　三十卷　首一卷

（清）李文煊修　鄭文彩　蔡　藩纂　　咸豐七年（1857）　刻本　雁峰書院藏板

16冊　有圖表　25公分　線裝

按《咸豐　瓊山縣志》，凡三十卷，分十志（類門），計九十二目（綱）。除序、纂修姓氏，原序、前纂修姓氏，目錄刊於卷首外，其志書主要內容，依卷數彙著於次，以供查考。

輿地志　卷之一至卷之三

圖　歷代沿革表　沿革　星野　氣候　風候、潮候、占歷附　疆域　形勝、風俗、方言、居處、節序附　山川　巖峒、井泉附　水利　物產

建置志　卷之四至卷之六

城池　公署附　學校　鄉飲酒禮附　書院

書院田賓、興田附　壇廟　都市　橋渡　倉儲

坊表　古蹟　塋墓　樓閣　寺觀　養濟

經政志　卷之七至卷之十

詮選　祿餉　戶口　土田　藉田附　屯田　科則

賦役　豁除積弊附　鹽法　魚課附　榷稅　土貢

祀典　釋奠　學制　學田附　兵制　郵政　船政

海黎志　卷之十一至卷之十二

海　風報流水　沿海衝要　邊海外國附　海寇

防海　平土寇附　黎情　村峒　關隘　撫黎

平黎　議黎

職官志　卷之十三至卷之十四
　文職　武職
選舉志　卷之十五至卷之十六
　徵辟　進士　舉人　武科　貢選　吏員　營弁
　封蔭
官師志　卷之十七至卷之十八
　宦績　武功　謫宦　流寓
人物志　卷之十九至卷之二十三
　名賢　忠義　奮勇附　孝友　儒林　文苑　篤行
　卓行　隱逸　旌壽　耆舊　年壽附　方伎　仙釋
　列女
藝文志　卷之二十四至卷之二十八
　敕　表　疏　記　序　傳　書　議　跋　銘
　雜文　賦　詩
雜　志　卷之二十九至卷之三十
　事紀　藝文書目　金石　遺事　紀異

李文煊修《咸豐　瓊山縣志》之刊行年代，公私書目多著咸豐七年（1857）刻本，且流傳頗廣，更以陳衍而廣傳，亦有影印本面世。於今國內外庋藏者，依其刊本及年代，著錄於次：

原刻本　清咸豐七年（1857）刻本　雁峰書院藏板
　美國：國會圖書館
　英國：英吉利圖書館　劍橋大學　倫敦大學
　日本：東洋文庫 q～104　天理399

　　臺北：史語所545
　　大陸：北京　北大　上海　吉大　廣東
　影印本　民國六十三年（1974）　臺北成文出版社
　　　　　影印本（據清咸豐七年刻本，雁峰書院藏
　　　　　板）　精裝六冊（中國方志叢書　華南地
　　　　　方：第一六六號）
　　美國：史丹福大學　3230／1427.86
　　臺北：臺灣分館　673.79103／4009

B5015

〔民國〕瓊山縣志　二十八卷　首一卷

　　朱爲潮　徐　淦　周　果修　李　熙　王國憲總纂
　清宣統三年（1911）開雕　民國六年（1917）九月
　（周果序）　刊本　瓊山學校藏板
　　25冊　有圖表　25公分　線裝
　　按《民國　瓊山縣志》，凡二十八卷，分十二志（
　門），計一一八目。除序、原序、纂修姓氏，敍例、目
　錄，刊於卷首外，其主要內容，依目錄及卷數，臚著於
　次，以供查考。
　　輿地志　卷一至卷三
　　　輿圖　沿革表　沿革考　星野　氣候　風候
　　　潮汐　占歷　疆域　形勝　風俗　方言　居處
　　　節序　山　峒　川　井泉　水利　物產
　　建置志　卷四至卷六

城池　公署　學校　鄉飲酒禮　書院　書院田
賓興田　壇廟　都市　橋渡　倉儲　養濟

經政志　卷七至卷十

詮選　祿餉　戶口　土田　藉田　屯田　科則
賦役　鹽法　榷稅　土貢　新稅　祀典　釋奠
學制　兵制　郵政　電政　船政　警政

海防志　卷十一

海防略　附洋務　沿海衝要　海寇　防海　礮臺
附　打造戰船　附海漲　平亂　平土寇附
西海諸國　東洋諸國　各國駐瓊領事官表

黎防志　卷十二

峒村　關隘　撫黎　平黎　附平黎議

古蹟志　卷十三

古蹟略　城　樓　臺　閣　亭　堂　菴　塔
坊表　塚墓

金石志　卷十四至卷十八

唐　宋　元　明　清

藝文志　卷十九至卷二十

經史　子集

職官志　卷二十一

文職　武職

選舉志　卷二十二

徵辟　進士　舉人　武舉　貢選　捐貢　例監
吏員　將弁　封贈　蔭襲

官師志　卷二十三

　宦績　武功　謫宦　流寓

人物志　卷二十四至卷二十七

　列傳　忠義　奮勇　孝友　篤行　卓行　耆舊

　隱逸　旌壽　年壽　方伎　仙釋　孝義　死節

　旌節　貞節　守節

雜　志　卷二十八

　事紀　遺事　紀異

王國憲纂修《瓊山縣志》刊行年代，公私方志書目著錄略有不同，有著《宣統　瓊山縣志》，或署《民國瓊山縣志》。然是志實際上，係清宣統三年（辛亥）開雕（板藏瓊山學校），至民國六年（丁巳）九月（知事周果〈續修瓊山縣志〉序）間刊行，於是著錄《民國瓊山縣志　》者，較爲允當。目前國內外公藏者，依其刊本及年代，著述於次：

原刊本　清宣統三年（1911）開雕（瓊山學校藏板
　　　　）　民國六年（1917）序　刊本

　美國：國會圖書館（二十五冊）

　英國：劍橋大學

　日本：東洋文庫（二十五冊）ｑ～120

　臺北：內政部方志室（現移中央圖書館藏）

　大陸：北京　清華　上海　南京　溫州　湖北
　　　　武大　廣東　北碚　廣東博

影印本　民國五十三年（1964）　臺北　瓊山縣志

重印委員會（據清宣統三年開雕，瓊山學
校藏板，民國六年序刊本，內政部方志室
藏）影印　精一冊
美國：史丹福大學3230／1427.9
臺北：私人庋藏

（二）澄邁縣志

　　澄邁縣原名隆邁，在兩漢屬珠崖郡地。於隋大業三年
（607）始置隆邁縣，屬臨振郡。唐景雲二年（711），更
名爲澄邁縣，屬崖州。宋開寶五年（972），改屬瓊州。元
天歷二年（1329），改瓊州路爲乾寧軍。迨明成化初年移
治，仍屬瓊州府，清因之。此乃澄邁縣，建置沿革矣。

　　澄邁縣志牒之纂修，其有典籍查考者，大凡七修，計
明代二次，清季五次。惟諸家著錄略有差異，且因年代久
遠，稽考倍感困難。特就知見藏板，分別析論於次，以供
學術研究參考。

B5021

〔康熙〕澄邁縣志　四卷

　　（清）丁斗柄修　曾典學纂　　康熙十一年（1672
）序　刻本

　　4冊　有圖表　25公分　線裝

　　丁斗柄修《康熙　澄邁志》，凡四卷，計分十五志
（門），共有一〇四目。其主要內容，依目錄及卷次，

臚述於次，以供查考。

卷之一

　興圖志　第一

　　縣全圖　縣城圖　縣署圖　儒學圖

　星野志　第二

　　分野　氣候　風候　海溢

　沿革志　第三

　　縣治　疆域　鄉都　風俗

　地理志　第四

　　形勝　海港　山川　敘景（邑有八景）　土產

　　陂塘

　建置志　第五

　　公署　城池　門路附　倉庫　壇廟　庵寺附

　　坊表　亭塔　墟市　舖舍　津渡　橋樑　井泉

　　附　義塚

卷之二

　食貨志　第六

　　戶口　軍戶附　錢糧　魚課　鹽課　鈔課

　　均徭　諸役匠附　　均平　民壯　驛傳

　秩官志　第七

　　知縣　縣丞今裁　主簿久裁　典史　教諭今裁

　　訓導　巡檢司　河泊久裁　驛丞久革　醫官

　　陰陽學今革　　城守　　營官　名宦附

　學校志　第八

學署　書籍　祭器　射器　學田　社學　書院

卷之三

禮制志　第九

綸音十一通　禮儀定式

防守志　第十

營砦　烽堠、墩臺附　屯田　民壯　兵餉

山海寇志　第十一

黎情　平黎　撫官　海寇　平寇附

人物志　第十二

薦辟　甲科　鄉科　歲薦　應例　掾吏　武科

先哲　孝行　義行　隱逸　鄉賢　列女　仙釋

僑寓

古蹟志　第十三

古蹟　墳墓附

災異志　第十四

紀異　紀災

卷之四

藝文志　第十五

記　議　序　詩　詞　歌　賦

按《康熙　澄邁縣志》，雖有刻本，惟流傳欠廣，目前國內外庋藏者，分列於次，以供查考。

原刻本　清康熙十一年（壬子）序　刻本

大陸：北京

微縮片　北京圖書館　據清康熙十一年刻本，攝製

（年代未詳）微縮捲片

大陸：上海　廣東

B5022

〔康熙〕澄邁縣志 十卷

（清）高魁標纂修　康熙四十九年（1710）　刻本

4 冊　有圖表　25公分　線裝

按《康熙　澄邁縣志》，凡十卷，列綱十（志），分目一百有奇。除首刊高序、修志姓氏、舊志序（秦大章）、凡例（十四條）外，其志之內容，依目錄及卷次，列述於次，以供查考

疆域志　卷之一

興圖　沿革　星野　氣候　附風候、潮候、漲海

地理　形勝　風俗　山川　附井泉　鄉都

建置志　卷之二

城池　公署　附倉庫、鋪舍　壇廟　祠寺　附亭

塔　坊表　橋渡　陂塘　墟市

賦役志　卷之三

戶口　附軍戶　田賦　錢糧　魚課　鹽課　鈔課

土貢　均徭　役匠附　均平　民壯　驛傳

學校志　卷之四

學宮　祭器圖、陳設圖、鄉飲圖、射器附　名宦

祠　鄉賢祠　學田　社學　義學　書院

兵防志　卷之五

　兵官　營寨　烽堠、墩臺附　屯田　民壯　保甲
、鄉兵附　　兵餉

秩官志　卷之六

　官師　名宦　流寓

人物志　卷之七

　諸科　鄉舉　進士　歲貢　武科　例監　封廕
　掾吏　鄉賢　儒林　孝友　義行　隱逸　列女

海黎志　卷之八

　海　　海港　海寇　增防　黎　　平黎　議黎
附撫官

雜　志　卷之九

　仙釋　古蹟　附塚墓　紀異　紀災

藝文志　卷之十

高魁標纂修《康熙　澄邁縣志》，雖有刊本，唯流
傳欠廣，藏板稀少，於今公藏者，分列於次：

原刻本　清康熙四十九年（1710）　刻本

　　臺北：故宮172

　　大陸：故宮

B5023

〔嘉慶〕澄邁縣志　十卷

　（清）謝濟韶修　李光先纂　　嘉慶二十五年（
　1820）　刻本

6冊　有圖表　25公分　線裝

按《嘉慶　澄邁縣志》，凡十卷，志分十門，計目有一一一。其主要內容，依目錄及卷次，臚述於次，以供查考。

卷之首　御製贊　訓

卷之一　地理志

　　輿圖　沿革　星野　氣候　附風候、潮候、漲海
　　疆域　山川附井泉　形勝　鄉都　風俗附占驗

卷之二　經制志

　　城池　縣治附倉庫　壇廟　祠寺附亭、塔　舖舍
　　坊表　橋渡　陂塘　墟市

卷之三　賦役志

　　戶口附軍口　田賦　錢糧　魚課附鈔課　鹽課
　　土貢　均徭附役匠　均平　民壯　驛傳

卷之四　學校志

　　學宮　祀典附祭器、樂器、樂章、舞譜、陳設
　　崇聖祠　名宦祠　忠義孝弟祠　烈節祠　鄉飲圖
　　射器　學田　書院　社學　義學　賓興

卷之五　秩官志

　　官師　宦績　陰陽訓術　醫學訓術　流寓

卷之六　兵防志

　　兵官　營寨附烽堠、墩臺　屯田

卷之七　人物志

　　進士　鄉舉　武科　貢選附廩增、例貢　薦辟

　　　掾仕　例職附庠監　封贈　鄉賢傳　儒林　孝友

　　　義行　懿行　隱逸　列女烈節

　　卷之八　海黎志

　　　海　　海港　海寇　增防

　　　黎　　平黎　議黎附撫官

　　卷之九　藝文志

　　　敕　贊　銘　序　議　記　賦　詩　歌　策

　　卷之十　雜　志

　　　仙釋　土產　古蹟附墓塚　紀災　紀異

　謝濟韶修《嘉慶　澄邁縣志》，由於刊本流傳欠廣
，公私藏板稀少，就其知見者，分述於次：

原刻本　清嘉慶二十五年（庚辰）　刻本

　　日本：東洋文庫（六冊）q～105

　　大陸：北大　上海　南京　中大

B5024

〔光緒〕澄邁縣志　十二卷　首一卷

　　（清）龍朝翊修　陳所能纂　　光緒三十四年（

　1908）　刻本

　　6 冊　有圖表　25公分　線裝

　按《光緒　澄邁縣志》之主要內容，大凡十二卷，
計分十門：輿地志（卷一）、建置志（卷二）、經政志
（卷三、卷四）、海黎志（卷五）、職官志（卷六）、
官師志（卷七）、選舉志（卷八）、人物志（卷九、卷

十）、藝文志（卷十一）、雜志（卷十二）。

龍朝翊修《光緒　澄邁縣志》，於清光緒三十四年（戊申）刊行，然刊本流傳欠廣，於今藏板罕見，特就知見者，分列於次，以供查考。

原刻本　清光緒三十四年（1908）　刻本
　　日本：天理（六冊）871
　　大陸：一史館　上海　天津　廣東　中大　華南
　　　　　師院　科學（微縮捲片）
　　抄　本　民國抄本（年代及所據母本未詳）
　　大陸：廣東

（三）臨高縣志

臨高縣，原名臨機縣，漢屬珠崖、儋耳二郡地。隋文帝開皇初年，置毗善縣，屬珠崖郡。唐武德五年（622），以毗善縣改名富羅縣屬儋州，並折置臨機縣屬崖州。貞觀五年（631）改屬瓊州，乾封後仍屬崖州。唐玄宗開元元年（713），更名臨高縣屬崖州，德宗貞元七年（791）還屬瓊州。迨五代南漢（劉隱創建、都廣州，領地嶺南，亦就兩廣）乾和十五年（957）廢富羅縣，其部份縣地併入。南宋高宗紹興初年移治，仍屬瓊州。元明宗天曆二年（1329），改瓊州路為乾寧軍民安撫司。迄明太祖洪武元年（1368），改屬瓊州府，清代因之，民國仍舊。

臨高縣之有志，緣自元代洗霑首作《臨高縣記》肇始，惟舊傳邑乘，久佚全書。有明一代，曾唯續修《臨高縣

志稿》亦原無鋟本。迨清季開館修志,其風尙極爲鼎盛,於聖祖康熙四十六年(1707),樊庶纂修《康熙 臨高縣志》,迨德宗光緒十八年(1892),邑侯聶緝慶修《光緒 臨高縣志》止,大凡四修。於今見存者,僅有〈清修本〉而已,其〈元記〉與〈明稿〉,罕見藏本,似已佚傳,殊屬憾惜。

B5031

〔康熙〕臨高縣志 十二卷

　　(清)樊　庶纂修　　康熙四十六年(1707)　刻本

　　8冊　有圖表　25公分　線裝

　　按樊庶纂修《康熙 臨高縣志》,凡十二卷,其刊行年代,大都著錄:清聖祖康熙四十六年(丁亥),惟亦有署爲康熙四十四年(乙酉)刊行者,似有錯誤,特置疑於茲,以待方家查考。

　　原刻本　清康熙四十六年(1707)序　刊本

　　　日本:內閣文庫(八冊)楓—史189～19

　　　大陸:北京(微縮捲片)

　　抄　本　(根據母本及年代未詳)

　　　大陸:北京

B5032

〔光緒〕臨高縣志 二十四卷

　（清）聶緝慶　張　延修　桂文熾　汪　瑔纂
光緒十八年（1892）　　刻本　臨江書院藏板
　10冊　有圖表　25公分　線裝
　　按《光緒　臨高縣志》，凡二十四卷，計分十三門
，一一〇目。除首刊：聶緝慶〈續修臨高縣志序〉、鄭
國光〈臨高縣續修志序〉、〈重修臨高縣志職名〉、〈
臨高縣志目錄〉、〈臨高縣志凡例〉八則（附存舊志凡
例）外，其主要內容，依卷數臚述於次，以供查考。
　　訓　典　卷一
　　輿地類　卷二至卷三
　　　輿圖　星野　晷度　沿革（表二）　氣候　風信
　　　潮汐　災祥　前事　紀異
　　疆域類　卷四
　　　形勝　山川　鄉都　保約　里遞　舖兵附　水利
　　　民俗　物產　古蹟
　　建置類　卷五
　　　城池　公署　雜所附　壇廟　祀典　坊表　德政
　　　碑附　墟市　橋梁　渡船附
　　賦役類　卷六
　　　戶口　土田　科則　魚鹽　雜稅　土貢　均徭（
　　官俸役食）　均平（祭祀雜支）　民壯　驛傳
　　　徵收　留支　解給　倉儲附　　祿餉
　　學校類　卷七至卷八
　　　儒學　學田、書院、義學、公產、社學、射圃附

　祭器　樂器　樂章　釋奠　名宦、鄉賢、忠義、
孝弟、節孝、四祠附　釋奠考
兵防類　卷九
　兵制　兵營　烽堠　屯田　團練　保甲附
秩官類　卷十
　知縣　縣丞　教諭　訓導　主簿　巡檢　典史
城守
宦績類　卷十一
　邑宰　貳尹　司鐸　都僉　縣尉　流寓
人物類　卷十二至卷十四
　鄉賢　隱逸　懿行　篤善　孝友　選舉　科目
貢生　掾吏　武職　封贈　耆壽　列女　仙釋
黎岐類　卷十五
　黎俗　黎情　黎峒　黎村　防黎　撫黎　黎患
臨海類　卷十六
　海防　海港　礮臺附　海患
藝文類　卷十七至卷二十四
　表　奏　說　策　書　議　申　詳　示　諭
記　雜文　序文　祭文　跋　引　賦　體詩
古體近體詩　詞　雜錄

　聶緝慶修、桂文熾纂《光緒　臨高縣志》，其刊行
之年代，各家方志書目，大都署爲光緒十八年（1892）
，於封面內葉亦署有〈光緒壬辰重修校梨〉，實無容置
疑。惟據陳劍流、冼榮昌著《海南簡史》（頁八五）著

錄：「《臨高縣志》（二十四卷十冊）　聶緝慶等修
光緒十七年（中央研究院藏）」。此乃依邑人鄭國光氏
〈臨高縣續修志序〉，所署「光緒十七年（1891）歲次
辛卯」，而誤記其刊行年代也。

　　光緒《臨高縣志》之刻本，流傳廣泛，更有影印本
，刊行面世，查閱方便。目前國內外公私藏者頗眾，就
其刊本及年代，分著於次，以供研究查考。

　　原刻本　清光緒十八年（1892）　刊本（臨江書院
　　　　　藏板）
　　　美國：國會圖書館（十冊）
　　　英國：劍橋大學（二十四卷）
　　　日本：國會十冊　　　　東洋十冊 q ～109
　　　　　　天理十冊869　　東北八冊丙 C －4－277
　　　臺北：中央研究院史語所545
　　　大陸：科學　北大　上海　復旦　天津　旅大
　　　　　　南京　南大　南通　華南師院　　浙江
　　　　　　湖北　廣東　中大
　　影印本：民國六十三年（1974）　臺北市成文出版
　　　　　　社（據清光緒十八年臨江書院藏板）影印
　　　　　　（中國方志叢書　華南地方：第一六四號
　　　　　　）精裝三冊
　　　美國：史丹福大學：3232/7602.88
　　　　　　加大柏克萊分校：3230/7602.88　1974
　　　臺北：臺灣分館：673.79133/1023

(四)定安縣志

定安縣在兩漢時代，屬珠崖郡地。至唐代爲瓊山縣地，於唐懿宗咸通五年（864），在古瓊山縣南境黎峒（今定安縣西南峒）置忠州，旋即廢罷。迨元世祖至元二十八年（1291），闊里吉思（湖廣平章）、陳謙亨（將兵同）奏議，於至元三十一年（1294），析瓊山縣南境，并新附黎峒（澄邁部份境地），置定安縣屬瓊州。文宗天歷二年（1329）十月，陞定安縣爲南建州，遷治瓊牙鄉，屬乾寧軍。迄明太祖洪武二年（1369），改乾寧軍爲瓊州府，南建州爲定安縣，仍屬瓊州府。清因襲之，民國依舊。

定安縣志之纂修，濫觴於明之永樂，嗣係景泰、嘉靖、弘光，以逮清代康熙、雍正、嘉慶、咸豐、光緒、宣統，於各年次間，先後所纂著者，大凡十次，中以清宣統三年（1911），歲次辛亥之續修本，最稱詳備而富美矣。

定安縣志乘，雖有草本、繕本、手稿、鋟板，惟歷年久遠，且間遭兵燹之災，或蠹魚之害，存本幾希。於今公私庋藏者，依其刊本及年代，分述於次，以供查考。

B5041

〔康熙〕安定縣志　八卷

　　（清）張文豹修　梁廷佐纂　康熙二十五年（1686）　抄本

　　4 冊　有圖表　25公分　線裝

按《康熙　定安縣志》，凡八卷，分十一志（門）
，共二十九目。其主要內容，依目錄及卷次，著述於次
，以供查考。

卷之一　○○志（輿地）

　　　　　輿圖　星野　氣候　沿革　疆域　形勝

　　　　　山川　津梁　水利　井泉

卷之二　○○志（建置）

　　　　　城池　公署

　　　　學校志

　　　　　社學　禮儀　器教　祭器　祭品

　　　　　名臣祠　鄉賢祠

　　　　祠祀志

　　　　　坊表　驛舖

　　　　兵屯志　營寨

卷之三　風俗志

　　　　　古蹟　丘墓　物產　災祥

卷之四　賦役志

　　　　　戶口　地畝　起運

卷之五　職官志

卷之六　選舉志

卷之七　（缺）

卷之八　（缺）

依杜定友編《廣東方志目錄》（民國三十五年九月
廣東省立圖書館印行　油印本）著錄：係清康熙二十五

年（1686）刻本。目前北京圖書館藏〈清康熙抄本〉，
其內容是否相同，尚待查考。

　　據繆荃孫（筱珊）編《清學部圖書館方志目》（在
國粹學報社編：古學彙刊第五冊　索書號：030.89 /
6974 V.5　民國五十三年　臺北市力行書局　影印本）
著錄：〔康熙〕定安縣志　八卷四冊　知縣張文豹修（
自序）　康熙二十五年　寫本。此與杜編《廣東方志目
錄》，所著年代相同。

　　　清抄本　清康熙年間　抄本
　　　　大陸：北京　廣東（微縮捲片）

B5042

〔乾隆〕安定縣志　四卷

　　（清）張文豹修　梁廷佐纂　董興祚增修　　康熙
二十九年（1690）刻　乾隆年間　增修本

　　8 冊　有圖表　25公分　線裝

　　附註：記事止於乾隆五十一年（1786）

　　按《乾隆　定安縣志》，凡四卷，分四十八目。正
文之前刊載：張文豹序〔康熙二十五年〕、董興祚序（
康熙二十九年）、梁廷佐序（康熙三十年）、馬光舊誌
序、修志姓氏、目錄、凡例（八條）。全志主要內容，
依其卷次：

　　　卷之一：輿圖　星野　氣候　疆域　沿革　形勝
　　　　　　　山川　津梁　水利附井泉　鄉都　風俗

　　　　　　古蹟　物產　城池　公署　學校　祠祀
　　　　　　驛舖　墟市　兵屯　災異
　　卷之二：戶口　田糧　秩官　宦績　選舉　例監
　　　　　　封贈　恩蔭　宦監　掾吏　人物　節烈
　　　　　　坊表　陵墓
　　卷之三：諭　祭　藝文　頌　疏　記　序　說
　　　　　　言　引　議
　　卷之四：詩　傳　黎岐

　　張文豹　梁廷佐纂　董興祚增修《乾隆　安定縣志
》，於清康熙二十九年（庚午）刊，乾隆年間增修本。
然傳本稀少，流傳欠廣，國內外知見藏板，分列如次：
　　增修本　清康熙二十九年（1690）刊　乾隆年間增
　　　　　　修本
　　　臺北：故宮172
　　　大陸：北京　故宮（四冊）

B5043

〔光緒〕定安縣志　十卷　首一卷

　　（清）吳應廉修　王映斗纂　　光緒四年（1878）
　刻本
　　10冊　有圖表　25公分　線裝
　　按《光緒　定安縣志》，凡十卷，分九門（志）、
計七〇目。於卷首刊載：志序、姓氏、凡例（十八條）
、目錄、輿圖，其全志內容，依卷次分述於次：

興地志　卷之一

　星野　圖附　氣候　沿革　疆域　圖附　形勝
　山川　石洞、潭灘、瀑布附　水利　井泉附
　鄉圖　墟市　風俗　物產

建置志　卷之二

　城池　公署　學校　學田附　壇廟　寺觀附
　橋渡　埠附　坊表　古蹟　塔附　塚墓　漏澤園
　、藏髮壟、義莊附

經政志　卷之三

　戶口　田賦　倉儲附　祀典　釋奠　兵屯　驛舖
　附

職官志　卷之四

　官師　宦績　貪酷附

選舉志　卷之五

　薦辟　進士　舉人　貢選　咨、考監生　掾吏
　貲敘　職銜附　武選　武科　行伍　武銜附
　封贈　蔭襲

列傳志　卷之六

　人物　耆壽　列女

藝文志　卷之七　卷之八

　敕　箚　頌　進　疏　論　言　說　記　序　引
　啓　傳　銘　贊　祭文　賦　詩　哀詞輓歌
　書目附

黎岐志　卷之九

　　黎圖　黎俗　村峒　關隘　平黎　黎議

　雜　志　卷之十

　　紀事　災祥　金石　紀異

　　吳應廉修、王映斗纂《光緒　定安縣志》，於清光緒四年（戊寅）刊行，流傳於世。復於民國五十七年（戊申）重行影印，以廣流傳，目前公私藏者頗衆，依其刊本及年代，分列於次，以供查考。

　　原刻本　清光緒四年（1878）序　刊本

　　美國：國會圖書館

　　英國：倫敦大學

　　日本：東洋文庫 q ～106

　　臺北：中研院史語所545（缺卷九　卷十）

　　大陸：北京　科學　北大　上海　華南師院
　　　　　辭書　天津　旅大　南京地理所　浙江
　　　　　溫州　廣東　中大　暨大

　　影印本　民國五十七年（1968）十一月十二日　國
　　　　　父誕辰付梓（臺北市　定安縣志重印委員
　　　　　會　依據清光緒四年木刻初版）影印再版

　　美國：史丹福大學：3230 / 3834.88
　　　　　加州大學柏克萊分校：3230 / 3030.88 /
　　　　　1968

　　臺北：臺灣分館：673.79107 / 3324

〔宣統〕定安縣志 十卷

宋席珍纂修　　清宣統三年（1911）　刻本

10冊　有圖表　25公分　線裝

按《宣統　定安縣志》，凡十卷，其主要內容，計分九門（志），依卷次：輿地志（卷一）、建置志（卷二）、經政志（卷三）、職官志（卷四）、選舉志（卷五）、列傳（卷六）、藝文志（卷七、卷八）、黎岐志（卷九）、　雜志（卷十）。

宋席珍纂修《宣統　定安縣志》之刊行，公私方志目錄，皆署著爲清宣統三年（辛亥），雖有梓本，惟流傳欠廣，藏板罕見，目前國內外公藏者，分列如次，以供查考。

原刻本　清宣統三年（1911）　刊本

　　大陸：北京（缺序目、凡例、職名）

　　　　　廣東（微縮捲片）　中大

(五)文昌縣志

文昌縣原稱平昌縣，漢屬珠崖郡地。於唐高祖武德五年（622），分置平昌縣（隋代武德縣地）屬崖州。至太宗貞觀元年（627）更名文昌縣，乃屬崖州。五代南漢（劉隱創建，都廣州）乾和十五年（957），亦以文昌隸崖州。宋太祖開寶五年（972）廢崖州，改屬瓊州。元明宗天曆二年（1329），改屬乾寧軍。明太祖洪武二年（1370），屬瓊州府。清因襲之，民國肇造，邑制仍舊。

　　文昌縣志乘，其纂修源流，始自明之嘉靖，續而崇禎，中經清代康熙、咸豐、同治三朝，以逮民國，於各年次間，先後纂修者，大凡九次。其中林帶英修《民國　文昌縣志》，所繫邑事詳備富美，最具史料參考價值。

　　文昌縣志，雖有稿本、繕本，或梓本面世，由於年代久遠，間遭兵戈之災，抑蟲蛀之害，致藏板稀少，流傳欠廣，於今公私庋藏者，依其刊本及年代，分別著述於次，以供學術研究參考。

B5051

〔康熙〕文昌縣志　十卷

　　（清）馬日炳修　朱順昌纂　　康熙五十七年（1718）序　刻本

　　4冊　有圖表　25公分　線裝

　　按《康熙　文昌縣志》，凡十卷，分十門（志），計八十二目。首刊序文、目錄、修志姓氏、凡例（十三條），其主要內容，依卷次，分述之。

　　疆域志　卷之一

　　　興圖　沿革　星野　氣候　地里　形勝　山川　附井泉　風俗　節序

　　建置志　卷之二

　　　城池　公署附舖舍　壇廟　樓閣　亭附　坊表　橋渡　陂塘　墟市

　　賦役志　卷之三

　　戶口　附見行丁口　土田　稅課　起運　存留
　　徭役
學校志　卷之四
　　學宮附名宦、鄉賢祠、祭儀、祭器、祭品　社學
　　書院　義學　義田
兵防志　卷之五
　　兵官　兵制　兵餉　屯田　兵署　營寨　烽堠
　　附塘堡、臺墩　教場　兵器　兵船　洋汛（新
　　增）
秩官志　卷之六
　　官師　名宦
人物志　卷之七
　　古科　鄉舉　進士　武科附武職　副榜　恩拔
　　歲貢　例貢　例監　掾吏　封蔭　鄉賢　孝義
　　儒林　懿行　高逸　耆老　方伎附　節烈
海黎志　卷之八
　　海寇　黎情　土寇
雜　志　卷之九
　　災祥　紀異　古蹟附塚墓　土產　遺事　外國
藝文志　卷之十
　　誥　疏　序　記　文　跋　銘　引　箴　詩
　　詞
　　馬日炳修《康熙　文昌縣志》，於清聖祖康熙五十
七年（戊戌）刊行，惟流傳欠廣，梓本罕見，於今庋藏

者，依其刊本年代，列述於次，以供查考。

　　原刻本　清康熙五十七年（1718）刻本

　　　臺北：故宮172

　　　大陸：故宮　浙江

　　抄　本　（年代及母本未詳）

　　　大陸：民院

B5052

〔咸豐〕文昌縣志　十六卷　首一卷

　　（清）張　霈　陳起禮修　林燕典纂　　咸豐八年

（1858）　刻本　蔚文書院藏板

　　10冊　有圖表　25公分　線裝

　　按《咸豐　文昌縣志》，凡十六卷，分十門（志）

，計七十七目。除訓典志，刊於卷首外，全志內容，依

其卷次，列述於次，以供查考。

　　訓典志　卷之首

　　輿地志　卷之一　卷之二

　　　輿圖　沿革　星野　氣候　疆域　形勝　山川

　　　陂隄　風俗　物產

　　建置志　卷之三

　　　城池　學校　書院　壇廟　鄉都　墟市　橋渡

　　　坊表　古蹟

　　經政志　卷之四至卷之六

　　　戶口　田賦　倉儲　祿餉　祀典　釋奠　釋奠考

　　　學制　　兵制
　　海防志　　卷之七
　　　關隘　　占驗　　潮汐　　海寇　　條議
　　職官志　　卷之八
　　　官師　　營弁
　　選舉志　　卷之九
　　　籍官　　仕進　　進士　　舉人　　武科　　貢選　　例員
　　　掾吏　　例職　　武職　　封贈　　蔭襲
　　宦績志　　卷之十
　　　名宦　　籍官
　　人物志　　卷之十一至卷之十二（上下）
　　　鄉賢　　儒林　　孝友　　忠義　　懿行　　文苑　　篤善
　　　高逸　　耆舊　　方技　　烈女
　　藝文志　　卷之十三至卷之十五
　　　敕　疏　序　引　記　傳　文　跋　銘　箴
　　　賦　詩
　　雜　志　　卷之十六
　　　紀事　　遺事　　災祥　　紀異　　塋墓
　　張　霈修　林燕典纂《咸豐　文昌縣志》，於清文
宗咸豐八年（戊午）刊行。於今知見公私藏板，計有：
原刻本與重印本，依其刊本年代，分著於次，以供方家
查考。
　　原刻本　清咸豐八年（1858）　刻本　蔚文書院藏
　　　　　　板

美國：國會圖書館

英國：倫敦大學

日本：東洋文庫 q ～107

大陸：北大　科學　旅大　南京　一史館　廣東
　　　中大　暨大　華南師院

重印本　民國七十年（1981）　臺北　文昌縣志重
　　　印委員會（據美國國會圖書館藏，咸豐八
　　　年刊行，蔚文書院藏板）打字重印

臺北：各文教機構暨圖書館有藏

臺灣分館：673.79109／0664

B5053

〔民國〕文昌縣志　十八卷

林帶英修　李鍾嶽纂　　民國九年（1920）　刻本

12冊　有圖表　25公分　線裝

按林帶英修《民國　文昌縣志》，凡十八卷。雖有
梓本，惟流傳欠廣，罕見藏板，國內外庋藏者，分列於
次，以供查考。

原刻本　民國九年（庚申）　刻本

大陸：廣東　中大

(六)會同縣志

瓊東縣乃瓊州屬邑，故名會同縣，現稱瓊海縣。唐虞
三代爲揚越荒徼，秦末象郡（南越）外域，漢屬珠崖郡（

玳瑁縣）。於唐宋爲樂會縣地，元至元二十九年（1292）分置會同縣屬乾寧軍，明洪武三年（1370）屬瓊州府，清沿其制。民國三年（1914）一月，以與湖南省會同縣名重複，改稱瓊東縣。迨民國三十九年（1950）五月，海南易幟，政制變更，於一九五八年十二月，由瓊東、樂會、萬寧三縣合置瓊海縣（次年十一月，復置萬寧縣），治設嘉積鎮。

瓊東縣志，原稱會同縣志。緣自明神宗萬曆四十一年（1613）始修，中經清代之康熙、乾隆、嘉慶三朝，約一百五十餘年間，共五次纂修。於清德宗光緒二十七年（1901）補刊乙次，迨民國十四年（1925），就其舊志重印，並更名《瓊東縣志》，是爲鉛印〈清嘉慶本〉，亦稱〈石印本〉。於民國七十三年（1984）仲秋，由旅港臺邑紳李遴漢等四十餘人倡議，乃就舊志重新打字製版刊行，並附〈續編增補資料〉，其內容計分十一篇，雖非完美無缺，誠亦難能可貴也。

B5061

〔乾隆〕會同縣志 十卷

（清）于　煌修　楊縉詮纂　　乾隆三十八年（1773）　刻本

10冊　有圖表　25公分　線裝

按《乾隆　會同縣志》，凡十卷，門分十大類，綱有八十九目。其志之內容，除首載各序文，暨增訂邑志

凡例，歷年修志姓名及捐資修志姓名之外，依據卷數及
目錄，臚述於次，以供查考。

天文　卷一

　　星野　氣候　風候　潮汐　節序

地里　卷二

　　輿圖　沿革　疆域　形勝　山川　井塘　堤岸
　　港埠　鄉都　風俗　土產

建置　卷三

　　城池　公署　舖舍附　壇廟　坊塔　貯倉　墟市
　　橋渡　古蹟

賦役　卷四

　　戶口　田賦　科則附　丁役　雜稅　俸糧

學校　卷五

　　學宮　文廟　祭器　樂器　祭期　祭儀　祭品
　　啓聖祠　明倫堂　名宦祠　鄉賢祠　節孝祠
　　學齋　學地　學塘　學田　書籍　書院　義田

兵防　卷六

　　兵署　兵營　兵制　兵餉　兵器　墩臺　教場附
　　屯田

秩官　卷七

　　知縣　典史　教諭　訓導　署印　按部　名宦
　　僑寓

人物　卷八

　　進士　鄉舉　武科　貢副　廩監　掾吏　封贈

　　　鄉賢　孝子　　懿行　文學　忠義　武勇　隱逸
　　　耆老　貞節
　　藝文　卷九
　　　宸翰　記序　傳銘　詩賦
　　雜志　卷十
　　　紀祥　紀災　紀異
　　于　煌修《乾隆　會同縣志》，書修於清乾隆三十
八年（1773），歲次癸巳之十月，竣於臘月之抄，其志
未付梨棗。次年（1774）甲午仲冬月（萬卜爵序），始
復修飾考訂而付梓，方有成書傳世。故其志之刊行年代
，乃係清乾隆三十八年修，乾隆三十九年刊行。然諸家
方志書目，著錄頗不一致，大都署爲乾隆三十八年，亦
有著爲乾隆三十九年。惟杜定友編〈廣東方志目錄〉著
稱乾隆三十六年（1771），實屬舛錯，或係手民之誤，
誠加補正之。
　　于　煌修《乾隆　會同縣志》，雖有刊本，惟流傳
欠廣，目前國內外文教機構，或圖書館庋藏者稀少，就
其知見藏板，臚述於次，以供方家查考。
　　原刻本　清乾隆三十八年（于序）修　乾隆三十九
　　　　　　年（萬序）刻本
　　臺北：故宮172
　　大陸：故宮　旅大

〔嘉慶〕會同縣志　十卷

（清）陳述芹修　周　瀚　梁達廷纂　　嘉慶二十五年（1820）　刻本

4冊　有圖表　25公分　線裝

按《嘉慶　會同縣志》，凡十卷，分十大類門（志）、共一○○綱目。其志書內容，依目錄及卷次，列述於次，以供查考。

天文志　卷一
　　星野　風候　節序　潮汐
地理志　卷二
　　輿圖　沿革　疆域　形勝　嶺山　川河　井塘
　　堤岸　鄉都　風俗　土產
建置志　卷三
　　城池　公署　舖舍附　壇廟　塔坊　墟市
　　貯倉　橋渡　古蹟　邱墓附
賦役志　卷四
　　戶口　田賦　科則附　丁役　雜稅　倉儲額穀
　　屯米　俸糧
學校志　卷五
　　學宮　文廟　祭器　樂器　祭期　祭儀　祭品
　　啓聖祠　明倫堂　名宦祠　鄉賢祠　學齋
　　學地　學田　書院　書籍　義田
兵防志　卷六
　　兵署　兵營　兵制　兵餉　兵器　墩臺　教場附

屯田

秩官志　卷七

　　知縣　元、明、清　署知縣　明、清

　　教諭、署教諭　明、清

　　訓導、署訓導　明、清

　　典史、署典史　明、清

　　名宦　僑寓　城守千總　把總　專防　協防

人物志　卷八

　　進士　鄉舉　武科　恩貢　拔貢　副榜　優貢

　　歲貢　廩貢　增貢　附貢　例貢　廩生　職監

　　肄業監　武聯　例監　掾吏　封贈　鄉賢

　　孝子　忠義　武勇　懿行　文學　隱逸　耆老

　　貞節　筮仕

藝文志　卷九

　　宸翰　記序　傳銘　詩賦

雜　志　卷十

　　紀祥　紀災　紀異

　　陳述芹修《嘉慶　會同縣志》，其刊行年代，公私
方志書目，大都署著：清嘉慶二十五年（庚辰），雖有
刻本，惟流傳欠廣，目前國內外文教機構或圖書館，所
知見藏板，計有：原刻本、補刊本、鉛印本、影印本，
依其刊行年代，臚著於次，以供查考。

　　原刻本　清嘉慶二十五年（1820）　刊本

　　　美國：國會圖書館（四冊）

英國：倫敦大學東方研究學院（微縮捲片）

依據莫頓（Morton）編〈英國各圖書館所
藏中國地方志總目錄〉（頁九〇）：會同
縣志十卷　1799（1820）

案：西元一七九九年，係清嘉慶四年己未），
西元一八二〇年爲清嘉慶二十五年（庚辰
）。所著嘉慶四年（1799）有誤，特補正
如上，以供查考。

大陸：北京（存卷四至十）　北大　北師大
浙江　廣東

補刊本　清光緒二十七年（1901）　宋恒坊（知縣
）補刊本　依據清嘉慶二十五年（1820）
陳述芹原修本補刊

日本：東洋文庫（四冊）q～108

大陸：一史館　上海　天津　南京地理所　南京
廣東　中大　華南師院

鉛印本　民國十四年（1925）海南書局鉛印〈嘉慶
修本〉（係重刊清光緒二十七年版）

案：鉛印本，亦有方志書目著稱：石印本或重
刊本，俗稱：民國本。其志書題名：《瓊
東縣志》，附〈瓊東縣全圖〉乙幅。

英國：英吉利圖書館　劍橋大學　倫敦大學

臺北：中研院史語所545

大陸：北京　一史館　上海　上海師院　南大

　　　　　　東北師大　　南京地理所　　湖北　　廣東

　　　　　　中大　　重慶　　華南師院

　　影印本　　民國六十三年（1974）　　臺北市成文出版

　　　　　　社　　影印本

　　　　　　據清嘉慶二十五年（1820）刻本，光緒二

　　　　　　十七年（1901）補刊，民國十四年（1925

　　　　　　）鉛印本影印（中國方志叢書　　華南地方

　　　　　　：第一七〇號），精裝二冊（頁五四四）

　　美國：史丹福大學東亞圖書館：3230 / 1450.84

　　　　　加州大學柏克萊分校：3230 / 1450.84 /

　　　　　1974

　　臺北：臺灣分館：673.79111 / 7534

B5063
瓊東縣志重印暨續編增補資料

　　　　瓊東縣志重印暨續編增補資料委員會編纂　　　民國

七十三年（1984）十月　　臺北市　　編纂者印行

　　（370）面　　有圖表　　27公分　　精裝

　　附：瓊東縣全圖乙葉

　　本志書名稱不一，其封面題名：《瓊東縣志》，內

封題名：《瓊東縣志附續編增補資料》，目錄及版權頁

題名：《瓊東縣志重印暨續編增補資料》。

　　按《瓊東縣志重印暨續編增補資料》之內容，就目

錄析觀之，除首刊：縣境全圖、總序（李遴漢），瓊東

縣志重印暨續編增補資料發起人表、委員會職名表、樂助縣志印製費芳名表、瓊東縣志重印凡例、續編增補資料凡例，縣志重印篇目（根據清嘉慶二十五年重修，民國十四年重行鉛印本，打字製版重印，卷數及內容相同，不再臚列以免重複）外，其增補內容，依〈瓊東縣志續編增補資料篇目〉，分著於次，以供方家參考。

第一篇　地理
　　一、沿革　二、疆域　三、面積　四、山嶺
　　五、河川、港口
第二篇　人口政制
　　壹、人口
　　貳、政制
　　一、縣政府　二、縣議會　三、縣黨部
　　四、縣司法組織
　　五、縣地方財稅征收管理委員會
　　六、區鄉鎮公所
　　七、警察機構　　八、地方自衛組織
　　九、保甲組織
第三篇　文教
　　一、教育沿革　二、各級學校統計表
　　三、各級在學學生統計表
第四篇　財政
　　一、本縣收支預算　　二、本縣田賦征收情形
　　三、本縣實際收支概況　　四、本縣自治經費

第五篇　經濟

第六篇　交通

　　一、公路　二、水運　三、電話　四、郵政

第七篇　職官

　　壹、晚清

　　一、知縣　二、教諭　三、訓導　四、典史

　　貳、民國

　　一、縣長表　二、國大代表暨省議員表

　　三、歷屆縣議會議長議員表

　　四、縣黨部主要人員表

　　五、縣教育主管人員表

　　六、抗戰期間縣政府暨游擊指揮部主要人員表

　　七、各區區長表

第八篇　人物

　　壹、晚清科舉

　　一、進士　二、舉人　三、貢生　廩生秀才

　　貳、晚清仕官表

　　叁、民國公職人員表（之一）

　　　　民國公職人員表（之二）

　　肆、列傳（名錄）

　　一、軍公教　二、農工商　三、烈女

第九篇　藝文

　　壹、傳　記　序　文

　　貳、詩賦

叁、專著

第十篇　大事記

第十一篇　附錄

　　壹、當代鄉親事略

　　貳、贊助人事略

　　叁、旅居外地鄉親概況表

綜觀《瓊東縣志重印暨續編增補資料》之內容，共分十一篇，其中〈人物〉所佔篇幅最多，而〈藝文〉則以內容有與瓊東之人、事、物相關者爲主。然〈黨務〉係新增條目，在歷代從未列入志書，且於政制與職官篇中，列有縣黨部組織及重要黨工人員表，此亦獨創一格也。

按《瓊東縣志》（縣志重印暨續編增補資料），於民國七十三年（1984）十月十日出版，其刊本（精裝乙冊），普遍贈送邦人君子，暨國內外圖書館與文教單位，以廣流傳，裨益學界，深獲佳評。

廋藏者：中央圖書館臺灣分館：673.79111 / 1574

(七)樂會縣志

樂會縣之史名，其來由久遠。唐虞三代在荒服之外，乃南徼絕域。秦末爲南越（象郡）外境，漢屬珠崖郡（玳瑁縣）地。在漢代以前，因史書缺帙，故無從查考。唐初爲瓊山縣地，高宗顯慶五年（660），析置樂會縣，屬瓊州。五代屬南漢（劉隱建、都廣州、轄嶺南），仍沿襲唐制

。宋大觀三年（1109）割樂會縣，改屬萬安軍。尋於政和
元年（1111），復舊置仍隸瓊州。元天曆二年（1329），
屬乾寧軍。明洪武三年（1370），改屬瓊州府。清因襲之
，民國仍舊。迨民國三十九年（1950）五月，海南易幟，
政制變更，於西元一九五八年（戊戌）十二月，由瓊東、
樂會、萬寧三縣，合併設置瓊海縣（次年十一月，萬寧縣
復舊），治設嘉積鎮。

　　樂會縣志之纂修，考其源流，有史籍稽證者，大凡四
修。始自明嘉靖年間起，迄清宣統三年（1919）止，其間
三百五十餘載，計有：明代一次，清代三次。中以林大華
修《宣統　樂會縣志》，內容最爲詳備而富美，深具史料
參考價值。

　　樂會縣之志乘，於今庋藏者，唯有「清修本」三志而
已。明修本（魯志）罕見刻本，恐已佚傳矣。經查各方志
書目資料，有關「明修本」（魯志）各家鮮見著錄。惟其
民國三十五年（1946）九月，廣東省立圖書館印行，杜定
友編《廣東方志目錄》刊載，特此說明，以供參考。

B5071

〔康熙〕樂會縣志 十一類

　　（清）林子蘭修　陳宗琛纂　　康熙八年（1669）
手繕本

　　乙冊（未標頁數）　有圖表　25公分　線裝

　　按《康熙　樂會縣志》（不分卷），首載：王懷仁

〈樂會縣志舊序〉、劉思專〈重修樂會縣志跋〉、〈修
志姓氏〉外，其志書主要內容，依〈樂會縣志目錄〉，
臚著於次，以供研究參考。

　　輿圖志　　繪境內山川、疆域圖
　　沿革志　　附鼎革
　　地理志　　星野　　疆域　　形勝　　氣候　　海潮　　山川
　　　　　　　水利　　方鄉　　風俗　　土產
　　建置志　　城池　　公署　　倉場　　舖舍　　秩祀　　橋渡
　　　　　　　墟市
　　賦役志　　戶口　　田賦　　土貢　　雜賦
　　學校志　　儒學　　學田　　社學
　　兵防志　　營哨　　屯戍　　民壯　　黎情
　　秩官志　　官師　　武職　　職役　　名宦　　僑寓
　　人物志　　特奏　　鄉賢　　卓行　　孝友　　隱逸　　耆舊
　　　　　　　節烈
　　藝文志　　記　　　序　　　議　　　賦　　　詩
　　災異志

　　綜觀原志牒本，其志之內容，計分十一類（志），
共有四十六目。惟缺〈秩官志〉、〈人物志〉、〈藝文
志〉、〈災異志〉等四類門，計十七目，殊深憾惜。

　　林子蘭修《康熙　樂會縣志》（重修本），公私著
錄多署為清康熙八年（己酉）刊行。此志雖有繕（抄）
本，然流通不廣，罕見傳本。目前公私庋藏者，依各方
志書目資料，著列於次，以供查考。

手繕本　清康熙八年（1669）序　稿本（抄本）

大陸：北京　上海　廣東（微縮捲片）

油印本　一九五六年　據康熙八年手繕本油印

大陸：杭大

影印本　民國七十八年（1989）　依據北京圖書館

藏　清康熙八年手繕本複印

臺北：學者私人藏書

B5072

〔康熙〕樂會縣志　四卷

（清）程秉慥修　楊本蕃纂　　康熙二十六年（

1687）　崇文齋傳鈔本

4 冊　有圖表　26公分　線裝

按《康熙　樂會縣志》，凡四卷，計十有一門（志
），分四十有五目。其志首載：程秉慥〈重修樂會縣志
序〉、〈樂會縣志目錄〉外，主要內容，依其卷次，臚
述於次：

卷之一：輿圖志　樂會縣總圖

沿革志

鼎革志

地理志	星野	疆域	形勝	氣候	海潮
	山川	水利	坊鄉	風俗	土產
卷之二：建置志	城池	公署	倉場	舖舍	秩祀
	橋渡	墟市			

```
　　　　　賦役志　戶口　田賦　土貢　雜賦
　　　　　學校志　儒學　學田　社學
　　卷之三：兵防志　營哨　屯戍　民壯　黎情
　　　　　秩官志　官師　武職　職役　名宦　僑寓
　　　　　人物志　選舉　鄉賢　卓行　孝友　隱逸
　　　　　耆舊　節烈
　　卷之四：藝文志　制　　文　　議　　詩　　賦
```

　　綜觀程秉慥修《康熙　樂會縣志》，其志之內容，災異志闕如，致災祥紀異，所記載縣事，亦無從查考，殊為憾惜。

　　次窺美國國會圖書館藏（手抄殘本二卷），暨哈佛燕京圖書館藏〈崇文齋傳鈔本四卷〉。其志之內容，兩館藏板，而二卷之各類目記載，略有異同。尤其〈崇文齋傳鈔本〉，於程秉慥〈重修樂會縣志序〉，卷之四（兵防志：營哨）目，原文欠缺不全。又卷之二〈學校志〉各目，更全為闕如。就美國國會圖書館藏〈手抄殘本〉論之，亦因藏用年久，蟲蛀水漬，污點累累，致字跡模糊難認，又無相關資料勘校，殊深憾惜。

　　程秉慥修《康熙　樂會縣志》（重修本）之刊行年代，公私方志目錄多署：清康熙二十六年（丁卯）刻本。由於刊版頗多，致流通亦廣，目前國內外庋藏者，依其刊本及年代，著錄於次，以供查考。

　　傳鈔本　清康熙二十六年（1687）修　崇文齋傳鈔本

美國：哈佛大學燕京圖書館

大陸：北大　故宮　北京（不全）　廣東（微縮
　　　捲片）

手抄本　依據〈崇文齋傳鈔本〉手抄

大陸：北京　科學　文物　北大　西北大　上海
　　　天津　湖北　廣東　川大

清抄本　依據母本及年次未詳

美國：國會圖書館（殘存卷一及卷二）

影印本　民國七十三年（1984）四月　臺北縣新店
　　　市　龔少俠（國大代表）先生　依據美國
　　　哈佛大學燕京圖書館藏〈崇文齋傳鈔本〉
　　　暨美國國會圖書館藏〈清抄本〉（殘存二
　　　卷）影印（精裝乙冊）

臺北：國立中央圖書館暨臺灣分館：673.79113
　　　／2629

油印本　民國十六年（1927）油印本

大陸：東北師大　新疆博　華中師院
　　　一九五八年廣東省中山圖書館油印本

大陸：北京　科學　文物　民宮　北師大　清華
　　　上海　復旦　南開　內蒙大　吉林　青海
　　　山大　南京　陝師大　南大　浙江　安徽
　　　四川　廈大　福師大　湖北　廣東　中大
　　　廣西一

B5073

〔宣統〕樂會縣志　八卷

林大華纂修　　清宣統三年（1911）　石印本

8冊　有圖表　26公分　線裝

按《宣統　樂會縣志》，凡八卷，計有十一門，共分九十二目。其志之內容，與〈康熙修本〉各志較之，最爲詳備而富美。茲依目錄，臚述於次：

卷一：序　程秉慥〈重修樂會縣志序〉

　　　　　唐咨虁〈重修樂會縣志序〉

　　　　　林大華〈續修樂會縣志序〉

　　　圖　總圖　城廂圖　鄉屯圖

　　　表　歷代沿革表（蕭應植修《瓊州府志》）

　　　　　沿革表（阮　元修《廣東通志》）

　　　　　城市表

　　　　　鄉村表

卷二：輿地略　疆域　沿革　鼎革　星野　山川

　　　　　　　巖峒　河道　水利　井泉　墟市

　　　　　　　廂鄉屯　物產　氣候　潮汐

　　　　　　　風俗　方言

卷三：建置略　城池　署廨　學校　書院　學田

　　　　　　　學山　學湖　學堂　廟壇　祀典

　　　　　　　儀注　祠宇　津梁　道路

卷四：經政略　戶口　田賦　屯田　徭役　雜稅

　　　　　　　東西齋學田　倉儲　義舉　鹽志

　　　　　　　禄餉　武備　兵制附　巡警
　　　　海黎略　海防　海界附　村峒　平定黎匪
　　　　洋務略　口岸　出入口貨品
　　卷五：職官表　文職　武職
　　　　選舉表　封贈　欽賜　仕宦　進士　舉人
　　　　　　　貢選
　　卷六：選舉表　文科　廩增附　武科　職銜附
　　卷七：古蹟略　城址　署宅　亭樓臺閣　坊表
　　　　　　　寺觀　塔附　塚墓　藝文　金石
　　卷八：列　傳　宦績　武略　名賢　儒林　文苑
　　　　　　　忠義　孝友　篤行　卓行　隱逸
　　　　　　　耆壽　烈女　貞節　方伎
　　　　雜　錄　祥異附

　　綜觀林大華纂修《宣統　樂會縣志》，其內容與目錄，略有差異。茲校列於次，以供方家參考。

　　卷二：輿地略：〈山川〉目，缺〈巖峒〉。

　　卷三：建置略：缺〈道路〉一目。

　　卷七：古蹟略：〈藝文〉目中，所載：賦、記、序
　　　　　　　　　、傳、詩、歌各篇，欠缺次序，且
　　　　　　　　　條目不清，參閱極為不便。

　　卷八：列　傳：〈武略〉目，亦未列誌，有待後人
　　　　　　　　　補刊。

　　林大華纂修《宣統　樂會縣志》，乃係續修本，其刊行年代，原志書封面著錄，刊於清宣統三年孟夏月續

修，係石印本。

宣統《樂會縣志》（續修本），雖有刊行，唯刻本不多，流傳欠廣，目前知見（庋藏）者，依其刊本及年代，著錄於次，以供查考。

石印本　清宣統三年（1911）孟夏月（續修）

　　大陸：上海　廣東

油印本　年代未詳

　　大陸：廣東社科

手抄本　年代未詳

　　海外：邑僑藏板

重印本　民國七十五年（1986）十月　臺北縣新店市　龔少俠（國大代表）　依據樂邑僑領符大煥氏藏《宣統　樂會縣志》手抄本（影印）打字製版重印（精裝乙冊）以廣流傳

　　臺北：國立中央圖書館暨臺灣分館：673.79113／4444

(八)昌化縣志

昌化縣現名昌江縣，在兩漢屬儋耳郡至來縣境地，隸交趾刺史部。隋大業三年（607）由吉安縣分置昌化縣，改屬珠崖郡，隸揚州刺史。唐武德五年（622），析置儋州，昌化縣屬之。至五代屬南漢（劉隱建、都廣州、轄嶺南），並因襲唐制。宋熙寧六年（1073）以儋州改名昌化

軍，省昌化入宜倫縣。於元豐三年（1080）復置昌化縣，仍屬昌化軍。南宋理宗端平二年（1235），改昌化軍稱南寧軍，仍領昌化縣。元代因之，明洪武三年（1370）屬瓊州府。清順治九年（1652）八月，清兵渡瓊，建置因沿明制。於光緒三十一年（1905），改置瓊崖道，升崖州為直隸州，昌化縣屬之。民國肇立，其建置仍舊，惟以昌化縣與浙江省縣名重複，乃於民國三年（1914）一月，改名昌江縣，現治設石碌鎮。

　　昌化縣之邑乘，其纂修源流，考諸文獻有徵者，創修於清聖祖康熙二十六年（1687），歲在丁卯菊月，昌化縣尹方岱公。書成於清康熙三十（1691），歲次辛未之菊月，知昌化縣事璩之璨公。重修於清德宗光緒二十三年（1897），歲次丁酉，昌化縣令李有益公纂修。其間二百十餘年，大凡三修，計康熙二次，光緒一次，中以李有益纂修《光緒　昌化縣志》（重修本），志之內容，最為詳備而富美，亦殊具史料參考價值矣。

　　昌化縣志，於今傳世者，計有：璩之璨纂〈康熙修本〉、李有益修〈光緒修本〉二志。茲依刊本年代，著述於次，以供方家參考。

B5081

　〔康熙〕昌化縣志　五卷

　　　（清）方　岱修　璩之璨纂（校）　康熙三十年（1691）　刻本

2冊 有圖表　25公分　線裝，

按《康熙　昌化縣志》，凡五卷，計分二十有八目。首載：方岱〈昌化縣志序〉、璩之璨〈重修昌化縣志序〉外，其志書內容，依目錄及卷次，著述於次，以供查考。

卷一：輿圖　沿革　星野　地理　疆域　山川
　　　　海港　潮汐　風土　城池　公署　祀典
卷二：都圖　賦役　戶口附
卷三：物產　古蹟　橋渡　墟市　亭坊　兵防
　　　　原黎　平亂
卷四：秩官　附武職　附遊宦　鄉紳
卷五：藝文

璩之璨《康熙　昌化縣志》，其刊行年代，大都署爲清康熙三十年（辛未）。由於年代久遠，原刻本流傳欠廣，公私藏板稀少，於今知見（庋藏）者，依其刊本及年代，分別臚述於次，以供查考。

原刻本　康熙三十年（1691）　刻本
　　大陸：北京　廣東博
傳鈔本　民國二十二年（1933）　抄本
　　大陸：北京　故宮　一史館　上海
油印本　民國五十二年（1963）　油印本
　　案：廣東省中山圖書館，依據清康熙三十年（
　　　　1691）璩之璨較正本（廣東省博物館藏刻
　　　　本）抄印。

大陸：北京　科學　上海　復旦　北師大　南開
湖北　廣東　中大　廣西二　貴州
華南師院

B5082

〔光緒〕昌化縣志 十一卷 首一卷

（清）李有益修　　光緒二十三年（1897）　刻
本

4冊　有圖表　25公分　線裝

按《光緒　昌化縣志》，凡十一卷，計分六門（
志），共有六十八目。除卷首刊載：序、圖、表之外，
其志書內容，依目錄著述於次，以供查考。

輿地志
卷之一：歷代沿革　星野　疆域　潮汐　風土
山川　陂塘海港　物產

建置志
卷之二：城池　公署　新城公署附　學校　書院
義學　壇廟　都市　村坊　橋樑　亭坊
寺觀　塋墓

經政略
卷之三：詮選　祿餉　戶口　附二程婚祭禮
卷之四：土田　屯田　科則　賦役　倉儲附
鹽政附　榷稅附　豁免附
卷之五：學制　學田附　兵制　郵政　船政

　　　海防　　海寇　　黎情　　村峒　　防黎　　平亂
　　　時事
　　卷之七：祀典　釋奠
職官志
　　卷之六：文職　武職　進士　舉人
　　卷之八：貢選　封蔭　名宦　流寓
人物志
　　卷之九：名賢　孝友　篤行　卓行　節孝　方伎
　　　藝文
雜　　志
　　卷之十：所志　金石　災異
　　卷之十一：紀事　附石碌山案
　　李有益纂修《康熙　昌化縣志》，於清光緒二十三年（丁酉）刊行，目前國內外公藏者，分別臚述於次，以供查考。
　　原刻本　清光緒二十三年（1897）　刻本
　　美國：國會圖書館
　　英國：倫敦大學圖書館（微縮捲片）
　　日本：東洋　q－136
　　大陸：北京　科學　北大　民院　廣東博　上海
　　　　　南大　南京地理所　廣東　中大
　　臺北：學者私藏（微縮捲片）

(九)陵水縣志

　　陵水縣史名，來由久遠。在兩漢屬珠崖郡地，於隋大業六年（610）始析珠崖郡西南地置臨振郡，領延德、寧遠（即陵水縣境）五縣。迨唐武德五年（622），新置陵水縣，初屬振州。唐高宗龍朔二年（662），增置萬安州，以陵水縣屬之。五代因之，並屬南漢（劉隱創、都廣州、轄嶺南）。宋神宗熙寧六年（1073），以萬安州改萬安軍。於次年（1074）省（降爲鎮），元豐三年（1080）復置萬安軍。元仍稱陵水縣，明屬瓊州府，清因襲之。民國成立，仍沿舊制，稱陵水縣。

　　陵水縣志，纂修源流，已難稽考。唯有文獻足徵者，依據各方志書目資料，大凡六修，其邑志創始於宋人劉伋《陵水圖志》，元明兩代邑乘失修。迨遜清時期，修志風尚鼎盛，計有康熙朝二次，乾隆朝二次，道光朝一次。於今傳世者，祇有〈康熙修本〉（高首標纂修、潘廷候訂補）、〈乾隆修本〉（瞿雲魁纂修）、〈道光修本〉（曾燦奎修、甘家斌纂）三志。由於後二志均未親見，致志之內容，無從查考，恕其省略（容後待訪增補，以臻完美），亦殊感憾惜矣。

B5091

　〔康熙〕陵水縣志　不分卷

　　　（清）高首標纂修　潘廷候訂補　康熙二十七年（1688）　刻本

　　　4冊　有圖表　25公分　線裝

　　高首標纂修、潘廷侯訂補《康熙　陵水縣志》（不分卷），計分十二志（門），共有六十一目。其主要內容，依目錄臚述於次，以供查考。

輿圖志

　　繪境內疆域圖

沿革志

地理志

　　星野　疆域　形勝附八景　氣候附風候、潮候
　　山川　水利　鄉都　風俗　土產

建置志

　　城池　公署　壇祠　寺觀　舖舍　橋渡　墟市
　　坊表　古蹟　墳墓

賦役志

　　戶口　土田　科別　錢糧　雜稅

學校志

　　縣學　講約　社學　義學　書院

兵防志

　　兵官　兵制　兵餉　營寨　兵器

海黎志

　　海防　海寇　黎情　平黎

獄官志（秩官志）

　　監司　知縣　典史　教職　武職

人物志

　　諸科　鄉科　甲科　歲貢　恩貢　例監　封蔭

名宦　鄉賢　烈女

藝文志

傳　文　記　序

雜志

災異

按《康熙　陵水縣志》，於清聖祖康熙二十七年（戊辰）修成刊行，雖有梓本，惟流傳欠廣，於今藏板稀少，公私庋藏者，依其刊本及年代，臚述於次，以供查考。

原刻本　康熙二十七年（1688）　刻本

大陸：故宮

傳鈔本　年次及母本未詳　抄本

大陸：北京　湖北　廣東

油印本　一九五七年廣東省中山圖書館油印本

大陸：首都　科學　文物　歷博　一史館　民宮
　　　北大　上海　南開　陝師大　吉林　青海
　　　山東　杭大　安師大　甘肅　湖北　四川
　　　廣東　福師大

B5092

〔乾隆〕陵水縣志　十卷

（清）瞿雲魁修　蔡　群纂　　乾隆五十七年（1792）　刻本

6冊　有圖表　25公分　線裝

　　按《乾隆　陵水縣志》，於清高宗乾隆五十七年（壬子）刊行，雖有梓本，惟流傳不廣，於今藏板稀見，公私庋藏者鮮少，就個人所知，分列於次：

　　原刻本　清乾隆五十七年（1792）　刻本

　　　大陸：北京　故宮　天津　科學（微縮捲片）

　　抄　本　年次未詳

　　　大陸：廣東

B5093

〔道光〕陵水縣志　六卷　首一卷

　　（清）曾燦奎修　甘家斌纂　　道光十五年（1835）　刻本

　　4冊　有圖表　25公分　線裝

　　按《道光　陵水縣志》，於清宣宗道光十四年（1834）修成，歲次乙未年（1835）刊行，惟梓本流傳不廣，於今公私藏板稀少，列之於次，以供查考。

　　庋藏者：北京大學圖書館　金陵圖書館（戰前）

（十）感恩縣志

　　感恩縣位於海南西南，古名九龍縣，在兩漢屬儋耳郡地。隋大業三年（607）以九龍故墟，析置感恩縣，屬珠崖郡。唐武德五年（622）置儋州，以感恩縣屬之。五代為南漢（劉隱建、都廣州、轄嶺南）地，仍因唐制，屬儋州。宋熙寧六年（1073）省感恩為鎮，併入宜倫縣，於元豐三

年（1080）復置感恩縣，屬昌化軍。南宋理宗端平二年（1235），屬南寧軍。元因宋制，明洪武元年（1368）屬儋州，於英宗正統五年（1440）改隸崖州，屬瓊州府。清沿明制，民國仍稱感恩縣，今名東方縣，治設八所鎮。

感恩縣志書纂修，源流久遠，有史足徵者，肇始於明代（牒本煙滅，亦無相關佐證資料，致志書題名、卷數、纂修人、體例內容、刊行年代無從稽考）。中經清代，於康熙二修，然雍正、乾隆、嘉慶、道光、咸豐、同治、光緒、宣統等八朝，其間相距二百二十餘年之久，邑之志乘中輟久殘無徵，誠屬闕憾也。迨民國十八年（1929）歲次己巳，由縣長周文海氏，率同邑紳重修，於今廣被流傳。

感恩縣志之纂修（明代謄本六葉），計清代〔康熙〕修本二次，〔民國〕修本一次。其中〔明謄本〕與〔清修本〕二志，皆因修志年代久遠而煙滅佚傳，於今傳世者，周文海修《民國 感恩縣志》（重修本）而已，且志書內容，最新而詳備富美。

B5101

〔民國〕感恩縣志 二十卷 首一卷

周文海修　盧宗棠纂　　民國二十年（1931）七月（王曉章序）　南海書局承印　鉛印本

4冊　有圖表　25公分　線裝

按《民國 感恩縣志》，凡二十卷首一卷，計分十一類（志），共有二〇二目。除卷首列載：目錄、修志

姓氏、各序，以及圖表外，其志之內容，依卷次分述於
次，以供查考。

興地志　卷之一～四

沿革　疆域　氣候　潮汐　風俗　山　川

港　灣附　塘　溝　井　壩　物產

建置志　卷之五

城池　公署　學宮　書院　社學義學

學田　學校　學費　壇廟　公產　倉儲

都圖　塘舖　津渡　橋梁　墟市　村墟

坊表　古蹟　塋墓

經政志　卷之六～十一

詮選　祿餉　留支經費　節省均平各款

戶口　土田　耤田附　屯田　科則　賦役

鹽法　魚課　榷稅　土貢　祀典　釋奠考

學制　學規　兵制　警團　驛郵

海黎志　卷之十二

海防　環海水道　海寇　土寇附

海防條議

黎防志　卷之十三

黎情　村峒　關隘　撫黎　平黎

黎防條議　雜議附

職官志　卷之十四

明　清　民國文武職官

選舉志　卷之十五

　　　　　　明　清　諸科　舉人　貢選　封贈

官績志　卷之十六

　　　　　名宦　武功

人物志　卷之十七

　　　　　明　清　孝友　儒林　文苑　篤行　卓行

　　　　　耆舊　仙釋　耆壽　列女

藝文志　卷之十八～十九

　　　　　敕　誥　記　序　雜文　詩

雜　志　卷之二十

　　　　　災異　紀異　金石　廩增附武生

　　　　　捐款姓氏

　　周文海修《民國　感恩縣志》，於民國十八年（己巳）修，二十年（辛未）七月付梓，由南海書局承印（鉛印本）。此志流傳廣泛，於今公私庋藏者，依其刊本及年代，分述於次，以供查考。

　　鉛印本　民國二十年（1931）　南海書局承印

　　美國：國會圖書館　史丹福大學東亞圖書館

　　英國：劍橋大學圖書館　英吉利圖書館

　　日本：國會　東洋（q－110）　天理（2527）

　　臺北：內政部方志室（移藏中央圖書館）

　　　　　中央圖書館臺灣分館：4846／94

　　大陸：北京　科學　歷博　北大　北師大　人大

　　　　　黨校　民院　上海　上海師院　辭書

　　　　　天津　遼寧　旅大　華南師院　南京

　　武大　溫大　江西　湖北　廣東　中大
　　南京地理所
影印本　民國五十七年（1968）十二月　臺北市成
　　文出版社（依據民國二十年海南書局鉛印
　　本）景印（中國方志叢書　華南地方：第
　　六十七號）　精裝乙冊
　　臺北：中央圖書館臺灣分館：673.79123 / 7703

六、鄉土志

　　鄉土志，乃地方志種類之一種。係清末光緒戊戌維新之後，所出現一種比較通俗簡明之地方志。於清光緒三十四年（1908），學部通知各縣編修。迨民國三年（1914），教育部亦催促各縣編修，作為各地學校鄉土教材。全志分為歷史、地理、物產各篇，而與縣志相較，篇幅短小，內容簡略，大都是一、二人所編撰，惟充滿鄉土情愫，此亦鄉土志之特色。

　　吾瓊雖亦奉文編修，惟所見梓本稀少，流傳亦不廣，於今公私庋藏者，亦僅三種而已，依其年次，分別臚著於次，以供學界研究參考。

B6001

瓊山鄉土志　三卷

　　（清）張廷標編　　光緒三十四年（1908）修　民

國抄本

乙冊（未標頁數）　有圖表　25公分　線裝

按《光緒　瓊山鄉土志》，分爲三卷。凡境內之沿革，名宦之惠政，兵事之終始，鄉賢之實行，以及人類、戶口、宗教、實業、地理、山川、道路、物產、商務，或謂所未備，或訂其未協，或刪其繁蕪，或正其化舛，計字三萬有餘，依志之目錄及卷次，分列於次，以供查考。

卷一：總論　沿革考　政績錄　兵事錄（分海寇、
　　　　土寇、黎寇）
卷二：耆舊錄（附忠孝傳、節義傳、儒林文苑傳）
　　　　人類志（漢人、黎人、蛋戶）　戶口志
　　　　氏族考　宗教考（附表）　實業考（附表）
卷三：地理志（附圖）　物產志　商務考

本《光緒　瓊山鄉土志》，乃瓊山縣丞王建極（湖南人）氏，委以邑紳張廷標氏膺任編纂，於清德宗光緒三十四年（戊申）告成（張序），但未刊行。是藏板乃民國年間抄本，然流傳於世者，極爲稀少罕見，殊深憾惜也。

抄　本　清光緒三十四年（1908）修　民國抄本
　　大陸：科學633.501／001–3
　　　　廣東（微縮捲片）

B6002

〔宣統〕定安鄉土志　三卷

（清）莫家桐編　　宣統元年（1909）序　手抄本
乙冊（未標頁數）　19公分　線裝

本鄉土志目錄頁題名：《定安縣鄉土地理志》，乃
廣東瓊州府定安縣知縣王新民呈送之官書。全志計分十
一章，共有六十一節。除首刊莫家桐序外，主要內容，
依目錄分列於次，以供查考。

第 一 章　區域　（凡六節）

第 二 章　風俗　黎俗附　（凡六節）

第 三 章　物產　（凡三節）

第 四 章　山川　（凡十七節）

第 五 章　道路　（凡五節）

第 六 章　古蹟　（凡六節）

第 七 章　壇廟　（凡六節）

第 八 章　坊表　（凡四節）

第 九 章　橋渡　（凡三節）

第 十 章　墟市　（凡二節）

第十一章　學堂　（凡三節）

莫家桐編《定安鄉土志》，於清宣統元年（1909）
，歲次己酉孟秋月修成，唯未付梓。致流傳欠廣，罕見
藏板。目前公私庋藏者，分述於次，以供查考。

手抄本　清宣統元年（1909）序　抄本
大陸：中國科學院圖書館　廣東（微縮捲片）

B6003

崖州直隸州鄉土志 二卷

湯寶棻編　　（未著刊行年代）　抄本

2 冊　有圖表　25公分　線裝

庋藏者：華東師大（上海）

按湯纂《崖州直隸州鄉土志》，各家方志書目，鮮有著錄。茲以知見者，臚述於次，以供查考。

中國科學院北京天文臺編〈中國地方志聯合目錄〉（一九八五年一月　北京　中華書局出版）：

崖州直隸州鄉土志　二卷

湯寶棻編　抄本　華東師大

楊德春著〈海南島古代簡史〉（一九八八年五月長春市　東北師範大學出版社出版）：

崖州鄉土志

湯寶芳修　藏於上海華東師大圖書館

從上著錄，顯見其志〈書名〉、〈纂者〉，略有異同，亦未著刊行年次。同時全志內容，纂修體裁，由於原抄本之影本，獲取困難，且缺相關佐證資料，致無從深入查考，茲先著錄於此，留待蒐獲原志影本後，再作查校與補述，以供研究參考。

七、采訪冊

采訪冊，方志資料之一種，於方志纂修時，所采集資

料。其采訪事項，應注意明確詳述之要求，亦就是采訪之事，有關則錄，有錄必詳（力求明確暢達，條理井然，詳實有據，信而足徵），定有日期，必有報告，署名編號，以為識次，方便檢用。

　　瓊州各邑志乘，所據采訪冊資料者頗多，惟罕見傳世，於各家方志書目著錄者闕如，公私藏板亦少，茲就見藏者，著述於次，以供查考。

B7001

臨高采訪錄

　　許朝瑞撰　　民國六年五月至七年八月（1917～1918）　手抄本

　　10冊（未標頁數）　有表　29公分　線裝

　　本《臨高采訪錄》（不分卷），係廣東通志臨高采訪員許朝瑞，於民國六年至七年（1917～1918）間，在實地調查採集之史蹟，撰陳廣東通志局報告書，現存十冊。

　　本采訪錄仿方志體裁，各冊類目雖有重複，惟內容記載事實各異，舉凡沿革、輿地、建置、山川、海防、經政、宦績、人物、列女、節婦、耆民、藝文、傳略、金石、詩文、雜錄，皆詳作采訪記載，實係臨高縣最新文獻資料，殊具史料參考價值。其主要內容，依冊次分述於次，以供查考。

　　第一冊（第二十八號，未著陳報日期）

藝文　宦績　列女　沿革　海防

第二冊（民國六年五月八日　第七次報告　第二二二號）

藝文　建置　輿地　海防　人物　山川

第三冊（民國六年七月八日　第八次報告　第三〇二號）

藝文　建置　海防　政經

第四冊（民國六年九月八日　第九次報告　第三三八號）

金石　傳略

第五冊（民國六年十一月八日　第十次報告　第四一六號）

傳略　經政

第六冊（民國七年正月八日　第十一次報告　第四三九號）

藝文　建置

第七冊（民國七年三月八日　第十二次報告　第四五一號）

藝文　金石　人物　雜錄

第八冊（民國七年五月八日　第十三次報告　第四八八號）

詩文　藝文　列女　山川

第九冊（民國七年八月一日　第十四次報告　第五〇四號）

藝文　人物　輿地　雜錄

第十冊（未著陳報日期　第十五次報告　第六〇二號）

藝文　金石　宦績　輿地　經政　耆民　節婦

庋藏者：中央圖書館臺灣分館：A673.39513／0041

　　依據本《知見錄》所列資料顯示，除〈地理志〉與〈一統志〉（瓊州府）、〈通志〉（瓊州府事散見各卷次及門目）外，其〈府志〉、〈州志〉、〈縣志〉、〈

鄉土志〉、〈采訪冊〉，皆係專書刊行傳世，雖公私藏板有限，惟彌足珍貴，且對「海南」學術研究，具有莫大助益。深祈邦人君子及學術界，先進賢達重視與珍惜。

從資料分類觀察：本《海南方志知見錄》，所著錄之方志資料，計有：府志七種佔14.286%，州志八種佔16.327%，縣志三〇種佔61.224%，鄉土志三種佔6.122%，采訪冊一種佔2.041%。於五大類中，以縣志最多，州志次之，府志居三，鄉土志第四，采訪冊殿末。由此顯見，海南方志資料，於今傳世（公藏牒本）者，種數雖少，惟極為珍貴，乃治《海南史》者，不可缺少史料，深具學術研究參考價值（見分類比率圖）。

志書分類比率圖

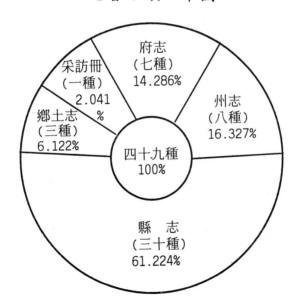

　　就資料內涵分析：本《海南方志知見錄》，所著錄之方志資料，依瓊州府暨各州縣分析，其名次：瓊州府志七種佔14.286％居首位、瓊山縣志六種（含鄉土志一種）佔12.245％居次，定安縣志五種（內鄉土志一種）佔10.204％第三，儋州志（內儋縣志一種）及澄邁縣志均四種，各佔 8.164％並列第四，崖州志（含鄉土志一種）、臨高縣志（含采訪冊一種）、文昌縣志、會同縣志（含續編增補資料一種）、樂會縣志、陵水縣志皆三種，均佔 6.122％同為第五，萬州志及昌化縣各二種，佔 4.082％同為第六，感恩縣志只存一種，佔 2.041％居末位。於是足見，瓊州府暨各州縣志乘，於今國內外庋藏者，大略如斯矣（見志書分析圖）。

府州縣志分析圖

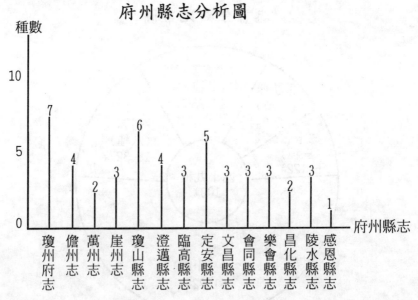

　　由修志年代統計：除未著刊行年代者二種（瓊州志一種、崖州直隸州鄉土志一種）外，於明代僅存三種（府志二種、儋州志一種），祇佔 6.122%，由於年代久遠，間遭兵災、蟲害、水漬，致牒本湮滅，罕見藏板，殊為憾惜。惟依表列資料顯示，於清代（康熙十五種、乾隆六種、嘉慶二種、道光三種、咸豐二種、光緒七種、宣統三種）纂修志書，於今知見藏板，有三十八種佔77.551%，數量最多，極為珍貴。民國期間，計六種佔12.245%，種數雖少，惟內容新穎，且詳備富美。於是顯見，遜清一代，修志風尚，極為鼎盛，其清修牒本，藏量豐碩，彌足珍貴（參見修志年代統計表）。

　　綜觀上列圖表及分析說明，不難瞭解〈海南方志資料〉庋藏全貌，更能領悟先賢開拓海南歷程，極為篳路藍縷。同時吾人應深切體認，地方文獻史料之重要性，本〈知見錄〉所列〈海南方志資料〉，不僅是中華文化資產，更是海南文化根源。基於追溯海南文化源流，光大海南先賢懿行，以及因應學界研究需要，個人乃本〈愛國愛鄉〉熱誠，於從事公務餘暇，特著本〈知見錄〉（為館慶賀），其〈海南方志待訪錄〉（佚傳志書），暨〈海南方志總目錄〉，容後專文刊布，俾構成《海南方志資料》完整體系，若對海南學術研究有所助益，則吾願足矣。

修志年代統計表

區分 府州縣	明代		清代							民國	X年	合計	百分比
	正德	萬曆	康熙	乾隆	嘉慶	道光	咸豐	光緒	宣統	民國	X年	合計	百分比
瓊州府	1	1	2	1		1					1	7	14.286
儋州		1	1					1		1		4	8.164
萬州			1			1						2	4.082
崖州				1				1			1	3	6.122
瓊山			2	1			1	1		1		6	12.245
澄邁			2		1			1				4	8.164
臨高			1					1		1		3	6.122
定安				1			1	1	2			5	10.204
文昌			2	1								3	6.122
會同					1				1	1		3	6.122
樂會			2	1								3	6.122
昌化			1					1				2	4.082
陵水			1			1				1		3	6.122
感恩										1		1	2.041
合計	1	2	15	6	2	3	2	7	3	6	2	49	
百分比	2.041	4.082	30.612	12.245	4.082	6.122	4.082	14.285	6.122	12.245	4.082		100

參考文獻資料

《二十四史》（百衲本）　民國五十六年（1967）七月
　　臺一版　臺北　臺灣商務印書館印行

《大清一統志表》　（清）萬芝堂校　乾隆五十八年
　　（1793）陳蘭森序　刊本

《道光　廣東通志》　（清）阮　元修　陳昌齊纂　道光
　　二年（1822）修　同治三年（1864）重刊本　　民國
　　五十七年（1968）十月　臺北市　華文書局　影印本

《海南簡史》　陳劍流　冼榮昌編著　　民國五十六年
　　（1967）十一月　　臺北市　德明出版社印行

《廣東方志目錄》　杜定友編　　民國三十五年（1946）
　　九月　廣東省立圖書館印行　油印本

《廣東方志總目提要》　李景新編著　　民國五十九年
　　（1970）三月　　臺北市　臺灣學生書局印行

《中國地方志辭典》　黃　葦編　一九八六年十一月　安
　　徽合肥市　黃山書社印行

《海南島古代簡史》　楊德春著　一九八八年五月　長春
　　市　東北師範大學出版社印行

《中國地方志總合目錄》　昭和四十四年（1969）　日本
　　國會圖書館參考書誌部編印

《中國地方志總目錄》　莫　頓（Andrew Morton）　編

一九七九年　英國　編者印行

《中國地方志聯合目錄》　中國科學院北京天文臺主編

一九八五年一月　北京　中華書局印行

案：瓊州府志七種、州志八種、縣志三十種、鄉土志三
　　種、采訪錄一種，共計四十九種方志資料，參見本
　　文內容，恕不再詳列，以免重複。

中華民國八十一年（1992）壬申歲次十月九日　脫稿

叁、海南方志待訪錄

　　海南志書之纂修，其源流久遠，見載於文獻典籍，而有史料足資稽考者，緣自晉人蓋泓纂《珠崖傳》肇始，中經宋元明清四代，所茸志書頗多。尤以遜清一代，修志風尚，極爲鼎盛，其牒本豐碩。由於年代久遠，間被水漬或蠹蛀所害，抑遭兵燹或火災焚燬，致藏板湮沒，原本佚傳，殊深憾惜矣。

　　本《待訪錄》，所蒐集〈海南方志〉資料，包括古志、外紀、傳錄、圖經、志略等。各志書仿中國編目規則，並參考標準書目基本格式著錄，期使綱目簡明有序，以表示系統化，其款目依次：志書名（卷數），纂修者、刊版年、輯本，引據資料，依其修本年代，分別臚著於次，以供學界研究參考。

一、晉代修本

C1001　珠崖傳　一卷

　　（晉）蓋　泓纂　　金谿王氏〈漢唐地理書鈔〉輯本晉佚

　　蓋泓：晉人，仕燕爲聘晉使，著有《珠崖傳　一卷》。

按蓋泓纂《珠崖傳》一書，載於文獻史料者，據張國淦〈中國古方志考〉（頁六二○），綜著於次：

長孫无忌〈隨書經藉志〉卷二：《珠崖傳　一卷》，僞燕聘晉使蓋泓撰。

丁國鈞〈補晉書藝文志〉卷二、文廷式〈補晉書藝文志〉卷二：蓋泓《珠崖傳　一卷》。

（唐）徐堅等奉敕撰〈初學記〉卷八，引《珠崖傳》。

秦榮光〈補晉書藝文志〉卷二、黃逢元〈補晉書藝文志〉卷二、吳士鑑〈補晉書經籍志〉卷二、章宗源〈隋書經籍志考證〉卷六：

《珠崖傳　一卷》，僞燕聘晉使蓋泓撰。

（宋）李昉奉敕撰〈太平御覽〉果部：

《珠崖傳》曰：果有龍眼。

又《珠崖故事》曰：珠崖果有餘甘。

姚振宗〈隋書經籍志考證〉卷二十一：《珠崖傳一卷》，僞燕聘晉使蓋泓撰，蓋泓始末未詳。

阮　元《道光　廣東通志》卷一百九十二（藝文略四）：珠崖傳　一卷　僞燕蓋　宏撰

隋志：僞燕聘晉使蓋宏撰

呂名中〈南方民族古史書錄〉（頁三○）：

朱崖傳　一卷

《隋志》著錄爲：僞燕聘晉使蓋泓撰。

《漢唐地理書鈔》有輯文

案：漢置珠崖郡，唐崖州珠崖郡，宋瓊州瓊山郡，元乾寧軍民安撫司，明清瓊州府，府治瓊山縣。

二、宋代修本

C2001　瓊州圖經

宋人纂　　蒲圻張氏〈大典〉輯本　宋佚

據《圖經》序：去州三十里，有古崖州城（〈輿地紀勝〉卷一百二十四：瓊州，古蹟引）。

（清）阮　元修〈道光　廣東通志〉卷一百九十二（藝文略四）：瓊州圖經，宋人撰，未詳姓氏，佚，　見〈輿地紀勝〉（宋・王象之撰）。

（宋）王象之撰〈輿地紀勝〉卷一百二十四：瓊州，古蹟（古崖州城），縣沿革（澄邁縣），風俗形勝（取三斗器），景物上（瓊臺、瓊山、白玉、蜑家），景物下（黎母山），古蹟（廢忠州），引《圖經》七條。

〈大典輯本〉，據〈大典〉（宋）李光〈莊簡集輯本〉卷十六（瓊州雙泉記），引《圖經》一條。

呂名中編〈南方民族古史書錄〉（頁九三）：

瓊州圖經　宋・不著撰人姓名

蒲圻張氏《大典輯本》輯一條

C2002　瓊管圖經　十六卷

（宋）趙汝廈纂　　宋佚

托克托等撰〈宋史藝文志〉卷二：

趙汝廈《瓊管圖經　十六卷》

（明）黃　佐纂〈嘉靖　廣東通志〉卷四十二：

瓊州圖經　十六卷　　宋‧趙汝廈修，今亡。

（清）阮元修〈道光　廣東通志〉卷一百九十二（藝文略四）：

瓊管圖經　十六卷　宋‧趙汝廈撰　佚　見宋志

呂名中編〈南方民族古史書錄〉（頁九三）：瓊管圖經　十六卷　宋‧趙汝廈撰　　《宋史‧藝文志》著錄

案：王象之〈輿地紀勝〉瓊州沿革，皇朝以瓊州守臣提舉儋、崖、萬安等州水陸轉運使，後罷轉運，改瓊管安撫都監。

C2003　瓊管志

宋人纂　義太初序　宋佚

(一)序者事略

義太初，字仲遠，宋道州（今湖南省道縣）人。先以詞賦名，尋舍去，宗濂溪之學。周必大、朱熹皆與之游，屢表其能。於南宋孝宗（趙昚）淳熙年間，登進士第，歷官知高、瓊二州，俱斐聲。著有：〈冰壺詩〉、〈易集注〉、〈文集〉。臧勵龢編〈中國人名大辭典〉（頁一二九五），有傳。

(二)知見書目

（宋）王象之撰〈輿地紀勝〉卷一百二十四：

瓊州，碑記，《瓊管志》義太初序。

案：王象之〈輿地紀勝〉，引《瓊管志》三十條
。

（明）李　賢撰〈大明一統志〉卷八十二：

瓊州府、形勝、風俗，引《瓊管志》四條。

（清）阮　元修〈道光　廣東通志〉卷一百九十二（
藝文略四）：瓊管志　　宋人撰　未詳名氏　宋佚　〈
輿地紀勝〉云：義太初序

呂名中編〈南方民族古史書錄〉（頁九三）：瓊管志

宋・義太初序　《輿地紀勝》卷一二四引此書稱「
義太初序」，未著撰人。《紀勝》引此書共三十條。《
明一統志》卷八十二引此書四條。

陳劍流編著〈海南簡史〉（頁七九）：瓊筦志（卷數
未詳）　宋趙　廈撰、嘉定中刊行（見廣東通志　藝文
志）

註：陳氏著錄此志係宋趙　廈撰，於南宋寧宗嘉定
年中刊行，尚待方家查考。

趙　廈，字材老，古汴人。南宋嘉定初年任管師，重
修郡學，撥新莊學田，遷東坡、澹庵二祠。明唐　胄《
正德　瓊臺志》卷三十六（名德）刊載。

案：宋神宗熙寧年間，以瓊州為瓊管安撫司，領

儋、崖、萬三軍，置管師統領海南地。

張岳崧《道光　瓊州府志》卷之二十三（職官志：文職上）著載，趙　廈於嘉定中任瓊州知事。

C2004　瓊臺志

宋人纂　　蒲圻張氏大典輯本　　宋佚

張國淦《中國古方志考》（頁六二一）：瓊臺志　宋佚　　蒲圻張氏大典輯本

案：《輿地紀勝》：瓊州沿革，以兼轉運使，故號瓊臺。

按〈大典輯本〉，據《大典》載：六模（瓊州南湖、瓊州西湖）、九眞（蔭潭村）、十八陽（尊賢堂），引《瓊臺志》四條。

呂名中《南方民族古史書錄》（頁九二）：

瓊臺志　宋·不著撰人姓名

蒲圻張氏《大典輯本》輯四條

C2005　南寧軍志

宋人纂　　蒲圻張氏大典輯本　　宋佚

〈大典輯本〉，據〈大典〉卷七千二百四十一：十八陽（冠古堂），引《南寧軍志》一條。

案：宋南寧軍，本儋州昌化軍，明清瓊州府儋州（今儋縣）。

C2006　吉陽軍圖經　一卷

未著撰人　　宋佚

托克托等撰〈宋史藝文志〉卷二：吉陽軍圖經　一卷

（明）黃　佐纂〈嘉靖　廣東通志〉卷四十二：吉陽軍圖經一卷　　宋人撰，今崖州。

（清）阮　元修〈道光　廣東通志〉卷一百九十二（藝文略四）：吉陽軍圖經一卷　　不著撰人　佚。

黃志稱：宋人撰，不知所據何本。

（宋）王象之〈輿地紀勝〉卷一百二十七：吉陽軍，軍沿革（星土分野），引《圖經》一條。

案：宋吉陽軍，本崖州朱崖軍，清崖州直隸州（民國改崖縣，今名三亞市）。

C2007　（萬安軍）圖經

未著撰人　　宋佚

（宋）王象之〈輿地紀勝〉卷一百二十六：萬安軍、軍沿革（星土分野、又立萬安州，移州於陵水洞，安撫王趯）、風俗形勝（此邦與黎、蜑雜居），引《圖經》五條。

案：唐萬安州萬安郡，宋萬安軍，清崖州直隸州萬縣，民國復改稱萬寧縣。

C2008　陵水圖志　三卷

（宋）劉　伋撰　　宋佚

陳光貽著〈稀見地方志提要〉下冊（古今圖書集成方志輯目）：

　　　　陵水圖志　三卷　　劉伋撰　宋佚

　　　　《宋史・藝文志》、《古方志考》載。

C2009　陵水縣志

　　宋人纂　　佚

　　（清）阮　元修〈道光　廣東通志〉卷一百九十二（藝文略四）：

　　　　陵水縣志　　宋人撰　未詳名氏　佚

　　　　〈輿地紀勝〉曰：劉奕序

三、元代修本

C3001　瓊海方輿志　二卷

　　（元）蔡　微纂　　元佚

(一)纂者事略

　　蔡　微，字希元，號止庵，瓊山人。宋襄公後裔，居萬州，遷瓊山。元順帝至正七年（ 1347）丁亥，任樂會縣學教諭，博學能文，師道嚴肅，後攝府學，纂修《瓊海方輿志》，值時不偶，遂隱去不仕。

　　（明）唐　胄《正德　瓊臺志》卷三十六（名德）、（清）程秉愷《康熙　樂會縣志》卷之三（名宦）、張

岳崧《道光　瓊州府志》卷三十三（人物志：名賢）、王國憲《民國　瓊山縣志》卷二十四（人物志：列傳）、臧勵龢《中國人名大辭典》（頁一五三二），皆有傳。祀鄉賢

（二）知見書目

（清）錢大昕〈元史藝文志〉卷二：
　　蔡　微　瓊海方輿志

（清）倪　燦〈補遼金元三史藝文志〉、黃虞稷〈千頃堂書目〉卷八補：瓊海方輿志　元蔡微，字希元，瓊山人，任教官。

（明）黃　佐〈嘉靖　廣東通志〉卷四十二：瓊海方輿志　二卷　元蔡　微撰，樂會教官。

（清）阮　元〈道光　廣東通志〉卷一百九十二（藝文略四）：瓊海方輿志二卷　元蔡微撰，未見，黃志有。瓊州府志，微字希元，瓊山人，樂會教官。

王國憲〈民國　瓊山縣志〉卷十九（藝文略）：瓊海方輿志二卷　見黃通志　元蔡微撰

張國淦〈中國古方志考〉（頁六二二）刊載：
　　瓊海方輿志　元佚　　元蔡　微纂
　　蔡　微，字希元，瓊山人，樂會教官。

陳劍流〈海南簡史〉（頁七九）：瓊海方輿志（二卷）　元、蔡微編（按蔡氏係宋襄公後裔，居萬州，遷瓊山，任樂會學訓）

呂名中〈南方民族古史書錄〉（頁一八八）刊載：

瓊海方輿志　明·蔡　微撰

《千頃堂書目》著錄，無卷數

註：蔡　微係元代人，並非明代人，呂著有誤。

（清）張岳崧〈道光　瓊州府志〉卷之二十三（職官志：文職上）載：明·瓊州府、推官，郭　西，江西泰和人。庠生，洪武年間任，刊《瓊海方輿志》。

C3002　臨高縣記

（元）洗霑纂　元佚

(一)纂者事略

洗霑，臨高縣郭人。元成宗大德初，舉本學教諭，典昌化軍學正事，作縣志記。聶緝慶修〈光緒　臨高縣志〉卷十三（人物類：選舉），刊載有傳。

(二)知見書目

張國淦〈中國古方志考〉（頁六二二）：臨高縣記元佚　元洗霑纂，大德初舉本學教諭。

案：光緒臨高縣志　聶緝慶序，舊傳邑乘，而元代洗霑之作記，元佚全書。

四、明代修本

C4001　瓊臺外紀　五卷

（明）王　佐撰　佚

(一)纂者事略

　　王佐，字汝學，號桐鄉，臨高蠶村人。明英宗正統十二年（1447）丁卯科舉人，卒業太學，爲祭酒吳節所賞，譽與白沙齊名。歷官高州、邵武、臨江三府同知，所至清廉慈愛。著有：雞肋集、經籍目略、原教篇、瓊臺外紀、庚申錄、珠崖錄等書，世稱文行君子，年八十五卒，郡邑俱祀鄉賢。

　　（清）阮　元〈道光　廣東通志〉卷三百一（列傳三十四：瓊州一）、張岳崧〈道光　瓊州府志〉卷三十三（人物志：名賢上）、聶緝慶〈光緒　臨高縣志〉卷十二（人物類：名賢）、吳道鎔〈廣東文徵作者考〉（頁四七）、臧勵龢〈中國人名大辭典〉（頁九二），皆載有傳略。

(二)知見書目

　　（清）阮　元〈道光　廣東通志〉卷一百九十二（藝文略四）：瓊臺外紀五卷　明黃佐撰　未見　見明志（黃佐〈嘉靖　廣東通志〉）

　　註：瓊臺外紀五卷，係王佐撰，所著：明黃佐撰，實爲舛誤。

　　陳劍流〈海南簡史〉（頁七九）：瓊臺外紀（五卷）

王佐撰（見明・黃佐編〈廣東通志〉）

　　呂名中〈南方民族古史書錄〉（頁一八八）：瓊臺外紀　五卷　　明・王佐撰

　　《明史・藝文志》著錄

C4002　珠崖錄　三卷

　　（明）王　佐撰　　佚

　　（清）阮　元〈道光　廣東通志〉卷一百九十二（藝文略四）：珠崖錄　五卷　明・黃佐撰　未見

　　　　見明志（黃佐〈嘉靖　廣東通志〉）

　　　　註：珠崖錄三卷，係明・王佐撰，並非五卷，亦非明・黃佐撰，實有舛誤，待補正之。

　　陳劍流〈海南簡史〉（頁七九）：珠崖錄（三卷）王佐撰（見明・黃佐編〈廣東通志〉）

　　呂名中〈南方民族古史書錄〉（頁一五〇）：珠崖錄三卷　　明・王佐撰

　　《明史・藝文志》著錄爲五卷

　　　　案：此書已佚，王佐《雞肋集》（共十卷，民國二十四年，海南書局鉛印本）卷一載《進〈珠崖錄〉奏》，得知此書爲三卷。

C4003　瓊志稿

　　（明）鄭廷鵠撰　　佚

(一)纂者事略

鄭廷鵠，字元侍，瓊山西廂人。明嘉靖十七年（1538）戊戌科進士，授工部主事，晉史科左給事，以地震上四事，皆關至計，擢江西副提學，遷參政，乞養歸，築室石湖。著有：易說、禮說、春秋說、瓊志稿、虁膾、蘭省掖垣、學臺、石湖等集，阮志藝文略，皆注未見。

（清）阮　元〈道光　廣東通志〉卷三百一（列傳三十四：瓊州一）、張岳崧〈道光　瓊州府志〉卷三十四（名賢下）、王國憲〈民國　瓊山縣志〉卷二十四（人物志；列傳）、吳道鎔〈廣東文徵作者考〉（頁八四），皆有傳略。祀鄉賢

(二)知見書目

王國憲〈民國　瓊山縣志〉卷十九（藝文略）：瓊志稿　　見郭通志　　鄭廷鵠撰

陳劍流〈海南簡史〉（頁七九）：瓊志稿（卷數不詳）　　鄭廷鵠撰（見郭棐編廣東通志）

C4004　瓊州府志

（明）周希賢修　　萬曆年間　　佚

(一)知見書目

（清）阮　元〈道光　廣東通志〉卷一百九十二（藝文略四）：瓊州府志　　明周希賢修　　佚

蕭志：希賢莆田人，隆慶中守瓊，重修郡乘。

謹案：郝省志，希賢係萬曆中任。

杜定友〈廣東方志目錄〉（頁十六）：瓊州府志　周希賢　　萬曆年　原佚

陳劍流〈海南簡史〉（頁八〇）：瓊州府志（卷數不詳）　隆慶中　周希賢修（見郝玉麟編廣東通志）

註：張岳崧〈道光　瓊州府志〉卷二十三（職官志：文職上）：周希賢福建莆田人有傳，萬曆年任。陳著於隆慶中修志，顯有舛誤。

(二)纂者事略

周希賢，字司謙，福建莆田人。明嘉靖四十三年（1564）甲子科舉人，萬曆二年（1574）甲戌科進士。雲南副使，天性坦易，鄉黨稱之。於萬曆年間守瓊州，政尚寬和，士民被膏澤者，頌聲不絕。重修郡乘，頗稱典要。

張岳崧〈道光　瓊州府志〉卷之三十（官師志：宦績明），有傳。祀名宦。

C4005　澄邁縣志

（明）林　堪纂修　　嘉靖三十二年（1553）修　佚

(一)知見書目

（清）阮　元〈道光　廣東通志〉卷一百九十二（藝

文略四）：澄邁縣志　明‧林堪撰　佚　序載高志

　　謹案：堪嘉靖間教諭，癸丑修志。

　　　註：明世宗嘉靖三十二年（1553），亦就歲次癸
　　　　　丑

　　杜定友〈廣東方志目錄〉（頁一十八）：澄邁縣志
林　堪纂修　　嘉靖三十二年　原佚

　　　㈡纂者事略

　　林　堪，字尚乾，福建閩縣人。明嘉靖二十二年（
1543）癸卯科舉人，授澄邁教諭，輯邑志，遷宣化知縣
。堪外溫內肅，生性至孝，奉父母承顏，鄉里敬重之。

　　（清）陳壽祺〈同治　福建通志〉卷二百十九（明‧
孝義）、陳衍〈民國　閩侯縣志〉卷八十七（孝義上）
，皆有傳。

C4006　澄邁縣志

　　（明）曾拱璧修　　萬曆四十一年（1613）修　佚

　　　㈠知見書目

　　（清）阮　元〈道光　廣東通志〉卷一百九十二（藝
文略四）：

　　澄邁縣志　明‧曾拱璧修　李同春等輯　佚

　　　高志：拱璧，莆田舉人，萬曆間任，癸丑纂修縣

志。同春，邑人。

註：癸丑歲次，係萬曆四十一年（1613）。

(二)纂者事略

曾拱璧，字魁甫，福建莆田人。府學，於明神宗萬曆
十三年（1585）乙酉科舉人，知澄邁。在任三年，政簡
刑清，士民歌頌，建祠立碑，以紀其德。

（清）張岳崧〈道光　瓊州府志〉卷之三十（官師志
：官績中），有傳。

C4007　臨高縣志稿

（明）曾　唯纂　　未刊　佚

(一)知見書目

據聶緝慶〈光緒　臨高縣志〉（臨江書院藏版）序云
：「有明曾唯之續編，原無鋟本」。

(二)纂者事略

曾　唯，字原魯，號約菴，臨高蠶村人，遷居馬裊。
性純孝，博學有氣節。萬曆年間以歲薦，授廣州府訓導
，轉徐聞教諭。嘗留心邑乘，編有志稿，謀鋟諸梓未就
（舊志、府志，參修）。

（清）張岳崧〈道光　瓊州府志〉卷之三十五（人物
志：儒林）、聶緝慶〈光緒　臨高縣志〉卷十二（人物
類：鄉賢），有傳。

　　註：本志題名：《臨高縣志稿》，係據其傳，暫行
　　自訂。

C4008　定安縣志

　　纂修人未詳　　明永樂年間修　佚

　　依據清光緒四年（1878），吳應廉修、王映斗纂《光
緒　定安縣志》凡例第一條刊載：邑志，始於有明永樂
。

　　註：本志題名及纂修年代，係據此著錄。

C4009　定安縣志

　　（明）傅　霖修　黃　謙纂　　景泰年間修　佚

　　(一)知見書目

　　據清德宗光緒四年（戊寅），吳應廉修、王映斗纂《
光緒　定安縣志》凡例（第一條）刊載「邑志……續於
景泰」，又〈舊志同修姓氏〉亦載「明景泰年，傅　霖
（邑侯、金谿人），黃　謙（宿儒、邑人）」。

　　註：本志題名，纂修人及纂修年，係據此著錄。

　　(二)纂者事略

　　傅　霖，字肇基，江西金谿人。明天順七年（1463）
，以貢生知定安縣。為吏廉明，勤於政事，視民如子，
任滿乞留九載，擢瓊州府同知，卒祀定安名宦。

（清）張岳崧〈道光　瓊州府志〉卷三十（官師志：宦績明）、許應鑅〈光緒　撫州府志〉卷五十三（人物志：宦業五）、吳應廉《光緒　定安縣志》卷之四（職官志：宦蹟），皆有傳。

C4010　定安縣志（草志）

（明）王仕衡纂修　　嘉靖初年修（未刊）　　佚

(一)知見書目

按《嘉靖　定安縣志》（草志），其題名、纂修人及纂修年，係根據（清）吳應廉《光緒　定安縣志》刊載：〈舊志同修姓氏〉著錄。

(二)纂者事略

王仕衡，字秉銓，號矩庵，別號靚齋，定安東一（多校）人。明成化十三年（1477）丁酉科舉人，弘治一年（1488）歲次戊申，選中書舍人，陞右長史。於正德四年（1509）丁內難，十四年（1519）起任岷府，與修武宗實錄。嘉靖一年（1522）壬午致仕家居，年八十卒。祀郡邑鄉賢

衡生平行事敬謹，好讀書，老而不倦，自經史百家，以及陰陽律歷醫卜，無所不通，猶喜獎士類，無欺無隱，世稱其純謹，可比西漢周石諸君子，而學問淵博過之。

（清）張岳崧《道光　瓊州府志》卷三十三（人物志一：名賢上）、吳應廉《光緒　定安縣志》卷之六（列傳志：人物），刊載傳略。

C4011　定安縣志

（明）宋　賢修　吳　綱纂　　嘉靖十四年（1535）修　佚

註：吳　綱、陳丕顯、吳壽齡、孫一麟等同纂

(一)知見書目

按《嘉靖　定安縣志》之題名、纂修人及纂修年，係根據吳應廉《光緒　定安縣志》刊載：〈舊志同修姓氏〉著錄。

(二)纂者事略

宋　賢，定安永安衛人。監生，嘉靖年間任，定安知縣。重修城隍廟，纂輯邑志。

據吳應廉修《光緒　定安縣志》，卷首〈舊志同修姓氏〉載：「嘉靖十四年乙未」，其纂修人，除邑侯宋賢外，尚有吳　綱、陳丕顯、吳壽齡、孫一麟等四人，分述於次，以供參考。

吳　綱，字維章，定安東廂人。明嘉靖十四年（1535）乙未，會纂修邑志。博學能文，尤長詩賦，與進士俞宗梁、吳會期齊名，時人目為瓊南三傑。於嘉靖三十年

（1551）辛亥歲貢，授寧遠訓導，卒於任，通庠為之治喪。清吳應廉修《光緒　定安縣志》卷之六（列傳：人物），有傳。

陳丕顯，懋茅父（明嘉靖三十一年壬子科舉人），定安曲一人。明嘉靖初年拔貢，授長沙府寧遠知縣。嘉靖十四年（1535）乙未，會纂邑志。

吳壽齡，字仁甫，定安東廂二人。明嘉靖二十八年（1549）己酉科舉人，與海忠介同榜，共以名節相許後，任左州知州。嚴馭胥役，釐革宿弊，州人德之。所著〈左州政略〉（佚），撫按序以贈行。吳應廉修《光緒　定安縣志》卷之六（列傳：人物），有傳。

孫一麟，定安人，事略未詳。

C4012　定安縣志

（明）馬　光修　陳端蒙　陳天貦纂　　弘光二年（1645）　佚

按《弘光　定安縣志》之題名、纂修人、纂修年代，係根據吳應廉修《光緒　定安縣志》，卷首刊載：馬光〈舊志序〉，〈舊志同修姓氏〉（弘光二年乙酉）著錄。其纂修人事略，分別著述於次：

馬　光，江南人。明崇禎十七年（1644）甲申，以瓊州府同知，署定安縣事。精明強幹，當黎寇薄城，籌餉集兵禦之，寇遠遁。邑志經年殘闕，毅然以為己任，會紳士纂輯成書，俾一邑文獻不致久而無徵矣。清吳應廉

修《光緒　定安縣志》卷之四（職官志：宦蹟），有傳。

陳端蒙，廣東歸善（惠陽）縣人。明崇禎十五年（1642）壬午科舉人，任定安儒學教諭。舊有丁祭，折乾陋規，端蒙詳免，里民德之。甲申（1644）黎亂，賊黨圍攻定城，城中無尹，端蒙護篆親禦失石，賊遂解圍城獲安堵，皆端蒙之力矣。

清張岳崧《道光　瓊州府志》卷之三十（官師志：宦績）、吳應廉《光緒　定安縣志》卷之四（職官志：宦蹟），皆載有傳。

陳天睨，貴州人。明毅宗（莊烈帝）崇禎年間，銓任定安縣儒學訓導，會纂邑志。

C4013　文昌縣志

（明）李遇春　葉　懋修　　嘉靖年間修　佚

(一)知見書目

（清）阮　元修《道光　廣東通志》卷一百九十二（藝文略四）：

　　文昌縣志　明李遇春　葉　懋同修　佚
　　馬志：葉懋南海人，嘉靖間任訓導，與教諭李遇春，同修邑乘。

杜定友編《廣東方志目錄》（頁十七）：文昌縣志李遇春　葉　懋　　嘉靖年　原佚

(二)纂者事略

李遇春，宜山人。明嘉靖年間，任縣學教諭，與訓導葉　懋，同修邑志。於萬曆十九年（ 1591 ）辛卯署知縣，與訓導蒙中道，重修學宮，並記。

註：參見張　霈修《咸豐　文昌縣志》卷之三（建置志：學校），詳載。所著：〈重修學宮記〉全文，載於卷之十四（藝文志）

葉　懋，號右蒼，南海人。明嘉靖年間，任縣學訓導。手不釋卷，口不言利，捐俸修理學宮齋舍泮池，與教諭李遇春同修邑乘。資濟貧生，表揚節烈，嘗率諸生躬祭水北烈婦邢氏，並爲詩文褒美之（青燈獨誓冊，瓊士夫悲邢氏之死而作也），所著〈青燈獨誓序〉載於《咸豐　文昌縣志》卷十三（藝文志）。祀名宦

（清）張岳崧《道光　瓊州府志》卷三十（官師志：宦績中）、張　霈《咸豐　文昌縣志》卷之十（宦績志：名臣），皆有傳。

C4014　文昌縣志

（明）周廷鳳修　林夢貞纂　　崇禎年間修　佚

(一)知見書目

（清）阮　元《道光　廣東通志》卷一百九十二（藝文略四）：

文昌縣志　明周廷鳳修　林夢正輯　佚

馬志：廷鳳四川廣元人，孝廉，崇禎間任，曾
　　　修邑志。夢正，時任教諭。

杜定友《廣東方志目錄》（頁十七）：文昌縣志　周
廷鳳　林夢正　　崇禎年　原佚

　　㈡纂者事略

周廷鳳，四川廣元人。於明崇禎六年（1633）癸酉科
舉人，銓授文昌知縣。操守清廉，視民如子。蓋撫字勞
，故催科易也。入覲，復任半載，陞泗州守，士民群送
至海浦，無不泣涕。祀名臣，並祀書院

（清）張岳崧《道光　瓊州府志》卷三十（官師志：
宦績中）、張　霈《咸豐　文昌縣志》卷三十（宦績志
：名臣），皆有傳。

林夢貞、字用周，福建長樂人。明天啓七年（1627）
丁卯舉人，銓任文昌教諭，纂輯邑志。

按夢貞，舊志作正，徐景熹《乾隆　福州府志》作禎
，陳壽祺《道光　福建通志》作楨。

C4015　會同志略

（明）鄧桂芳修　陳宏周纂　　萬曆四十一年（1613
）修　四十七年（1619）梓本　佚

　　㈠知見書目

按《會同志略》之題名，係根據明神宗萬曆四十一年

（1613）癸丑仲冬月〈志略說〉暫訂，其正確書名，尚待方家查考。

本《會同志略》，乃明萬曆四十一年（癸丑）間，於邑侯鄧桂芳任內，由臨高縣丞陳宏周氏（署會同邑事時）纂修其志略。

(二)纂者事略

鄧桂芳，四川資縣（成都）人。明神宗萬曆二十二年（1594）甲午科舉人，於萬曆四十年（1612）知會同縣事。平易廉明，愛民懲惡，頌聲載道。丁難離任，闔邑豎碑志思。清陳述芹《嘉慶　會同縣志》卷之七（秩官志：名宦）、張岳崧《道光　瓊州府志》卷之三十（官師志：宦績中），皆有傳。

陳宏周，江蘇金陵人。本府臨高縣丞，於明神宗萬曆四十一年（1613）間，署會同邑事，纂修志略，重建平政橋，利禪於民，頌聲同口，語具去思碑中。所修〈會稽老人故事〉，未見流傳。

C4016 〔嘉靖〕樂會縣志　八卷

（明）魯　彭修　　嘉靖年間修　梓本　原佚

據明崇禎十四年（1641）歲次辛巳孟春月知縣王懷仁〈樂會縣志舊序〉析觀，懷仁涖任伊始，採得前令魯彭修《樂會縣志》梓本，由於泰半漫滅，乃屬孝廉韋章玉，據此梓本增修、或補刊，抑校梓，然其原本佚傳，

無從查考，殊深憾惜。

(一)知見書目

（清）阮　元修《道光　廣東通志》卷一百九十二（藝文略四）：樂會縣志八卷　明魯　彭撰　佚

黃志（黃佐《嘉靖　廣東通志》）有

杜定友《廣東方志目錄》（頁十八）：樂會縣志　八卷　魯　彭修　原佚

註：各家未著刊修年代，唯查證相關資料，其魯侯鼎修邑志，當在嘉靖三十年（蒞任）至三十三年（離任）間（1551—1554）。

(二)纂者事略

魯　彭（邑侯），湖廣景陵人。乃大司成魯　鐸（文恪）公長嗣，家學淵博，以道學文章飾吏治，在任四年，廉明節愛，多所興革，復建壇廟，遷修學宮，又鼎修縣志。所著〈問海賦〉，刊載林大華《宣統　樂會縣志》卷之七：古蹟略（藝文：賦）。

（清）程秉慥《康熙　樂會縣志》卷之三（秩官志：官師），有傳。明員外郎胡公路〈魯侯去思碑文〉，載於程秉慥《康熙　樂會縣志》卷之四（藝文志：文）。

林　耀，字德華，福建省侯官縣人。明世宗嘉靖二十五年（1546）丙午科舉人，太平知縣（今安徽省開江縣）。於嘉靖年間，任樂會縣教諭，創修邑志，陞南京禮

部司務。

按明嘉靖三十年至三十三年（1551～1554）間，知縣魯 彭《嘉靖 樂會縣志》（創修本），於崇禎十四年（1641），邑令王懷仁，邑紳韋章玉，據其底本增補、校刊，茲著述其事略於次，以供研究參考。

王懷仁，四川新寧人。選貢，明崇禎年間，銓任樂會知縣，所撰〈樂會縣志舊序〉，載於清林子蘭《康熙 樂會縣志》之首。著有：邑八景（詩）：〈烽峰生煙〉、〈聖石捍海〉二首，載在清程秉慥《康熙 樂會縣志》卷之四（藝文志：詩）。

韋章玉，字麟吉，上大（原崇文鄉，今陽江鎮）人。明崇禎九年（1636），丙子科順天榜舉人。家學淵博，先達賢卿第四子，素孝友端厚，出學士黃東崖先生門下，淹博經史，長於詩賦。著有：〈燕遊草〉、〈搜餘集〉，梓刊未究而卒。清程秉慥《康熙 樂會縣志》，卷之三（人物志：卓行）有傳。

C4017　古寧野紀

（明）鄭敦復纂　　萬曆三年（1575）舊敘　未刊

鄭敦復，字別駕，萬州（今萬寧縣）人。歲貢，授福州通判（明萬曆年間任）。著有：《古寧野紀》舊敘、《古寧野紀》稿成序、〈銅鼓嶺〉（七言絕詩），載於清胡端書《道光 萬州志》。

C4018　〔萬曆〕萬州志

（明）茅一桂修　　萬曆年（創修）　原佚

(一)知見書目

（清）阮　元《道光　廣東通志》卷一百九十二（藝文略四）：萬州志　明茅一桂撰　佚

李志（李炎《康熙　萬州志》）：一桂，歸安人。萬曆中任，創輯州志

杜定友《廣東方志目錄》（頁十九）：萬州志　茅一桂　萬曆年　原佚

(二)纂者事略

茅一桂，號中峨，浙江歸安人。明萬曆十六年（1588）戊子科順天榜舉人，歷官黎平（貴州）知府、萬州（海南）知州。才優學富，建學修署，折獄平允，創輯州志，尋遷同知。著有：〈華封仙楫〉、〈龜渚迴瀾〉、〈屏石風〉詩，載於《道光　萬州志》卷八（藝文略）。

（清）胡端書《道光　萬州志》卷九（宦績錄）、張岳崧《道光　瓊州府志》卷三十（官師志：宦績中）有傳。祀名宦祠

C4019　崖州志略　四卷

（明）鍾　芳撰　　原佚

(一)知見書目

黃　佐《嘉靖　廣東通志》：崖州志略四卷　鍾　芳撰　佚

（清）阮　元修《道光　廣東通志》卷一百九十二（藝文略四）：崖州志略四卷　明鍾　芳撰　佚　黃志有

張　雋《光緒　崖州志》卷二十二（書目）：崖州志略四卷　明・鍾　芳撰　黃志有　今佚

杜定友《廣東方志目錄》（頁十九）：崖州志略四卷　明・鍾　芳撰　原佚

陳劍流《海南簡史》（頁七九）：崖州志略（四卷）明・鍾　芳撰（見明黃佐編廣東通志）

(二)纂者事略

鍾　芳，字仲實，號筠溪，崖州高山所（今三亞市崖城鎮水南村）人。明正德三年（1508）戊辰科呂柟榜二甲進士（榜姓黃），遷翰林庶吉士，授編修，歷官至戶部右侍郎，卒贈右都御史，賜葬祭。

鍾芳爲官清廉，公正無私，寬政愛民。性簡重，寡嗜欲。立志爲學，博極而精，律曆醫卜，無不通貫，被尊「嶺南鉅儒」，所著：〈學易疑義〉、〈春秋集要〉、〈小學廣義〉、〈皇極經世圖〉、〈崖州志略〉、〈養生紀要〉、〈續古今紀要〉、〈筠溪詩文集〉、〈讀書札記〉，皆有傳世，並著錄於〈四庫提要〉。

黃　佐《嘉靖　廣東通志》、郭　棐《萬曆　廣東通

志》、金光祖《康熙　廣東通志》、郝玉麟《雍正　廣東通志》、阮　元《道光　廣東通志》，唐　冑《正德　瓊臺志》、歐陽璨《萬曆　瓊州府志》、牛天宿《康熙　瓊郡志》、賈　棠《康熙　瓊州府志》、蕭應植《乾隆　瓊州府志》、張岳崧《道光　瓊州府志》，宋錦《乾隆　崖州志》、張　雋《光緒　崖州志》、吳道鎔《廣東文徵作者考》、李建章《崖州史話》、臧勵龢《中國人名大辭典》、楊家駱《四庫大辭典》等皆載傳略。並有《鍾筠溪年譜》（鍾芳後人編），以供參考。

五、清代修本

C5001　瓊山縣志稿　十二卷

　　（清）王凝機纂　　康熙二十六年（1687）　未有付刊　佚

(一)知見書目

　　王國憲《續修　瓊山縣志》卷十九（藝文略）：瓊山縣志稿　十二卷

　　案：志稿為貢生王凝機手編，郡丞潘廷侯，知縣佟世南，重加纂輯編成十二卷，潘佟有序，未有付刻，時康熙二十六年。

(二)纂者事略

　　王凝機，號問溪，瓊山人。康熙間歲貢，品端行潔，善詩文工草書，邑乘殘缺，獨有志修明，搜討編輯，多出其手。年八十餘，方瞳皓鬢，吟咏不輟，飄飄有出塵之概。

　　張岳崧《道光　瓊州府志》卷之三十六（人物志：篤行）、王國憲《民國　瓊山縣志》卷二十四（人物志：列傳），刊載有傳。

C5002　澄邁縣志

　　（清）秦大章修　　康熙二十七年（1688）　　佚

(一)知見書目

　　阮　元修《道光　廣東通志》卷一百九十二（藝文略四）：澄邁縣志　國朝秦大章修　未見

　　案：康熙戊辰，序載高志（高魁標《澄邁縣志》）。

　　杜定友《廣東方志目錄》（頁十八）：澄邁縣志　秦大章　康熙二十七年

　　陳劍流《海南簡史》（頁八三）：澄邁縣志（十卷）清秦大章編　康熙二十七年

　　楊德春《海南島古代簡史》（頁一五六）：澄邁縣志10卷　清秦大章修　康熙二十七年（公元一六八八年）刊行

(二)纂者事略

秦大章，字含眞，山西省翼城縣桐里人。清順治十四年（1657）丁酉科舉人，於康熙二十六年（1687）丁卯，任澄邁知縣，倡修邑志。

C5003　定安縣志（草志）

（清）莫大任修　莫魁文纂　　雍正八年（1730）未刊　佚

註：依據吳應廉《光緒　定安縣志》卷首刊載：〈舊志同修姓氏〉著錄

莫大任，廣西臨桂人，清雍正四年（1726）丙午科舉人，七年（1729）任定安知縣，八年倡修邑志（未刊），十年（1732）壬子，改調感恩縣。

莫魁文，字起梧，號印山，定安東一南村人。清康熙五十六年（1717）丁酉舉人，登康熙六十年（1721）辛丑科鄧鍾岳榜三甲進士，吏部觀政三年，改授直隸慶雲知縣。政多平反，有賢令聲，慶雲志載其廉潔慈祥。

張岳崧《道光　瓊州府志》卷之三十五（人物志：孝友）、吳應廉《光緒　定安縣志》卷之六（列傳志：人物），刊載有傳。

C5004　定安縣志（草志）

（清）周祚熙修　王　峋纂　　嘉慶二十四年（1819）　未梓　佚

根據清・吳應廉《光緒　定安縣志》卷首刊載：〈舊

志同修姓氏〉著錄。

周祚熙，江西南豐人。清乾隆四十九年（1784）甲辰科茹　棻榜三甲進士，於嘉慶二十一年（1816）丙子，任定安知縣。工於催科，大修城堞樓閣，致虧空，調順德卒。

王　峋，字立軒，廣東省嘉應府興寧縣人。清嘉慶五年（1800）庚申科舉人，於嘉慶二十年（1815）任定安縣學教諭。主講尚友書院，課藝尚清眞，任十八年致仕。吳應廉《光緒　定安縣志》卷之四（職官志：宦蹟），有傳。

莫翔龍，字仲擧，東廂一莫村人。清嘉慶年間歲貢，生有至性，少失怙，寡母弱疾，與兄見龍奉事湯藥，數十年如一日。撫教孤姪進庠，倡捐莫族義田，事迄有濟。五赴鄉闈，一薦被放，人咸惜之。清吳應廉《光緒定安縣志》卷之六（列傳志：人物），有傳。

林毓瑞，字雲徵，號菊潭，東二潭覽人。清嘉慶十八年（1813）癸酉科拔貢生，聰明博雅，素愛賓客，擧動生風，善詼諧，工詩賦，名重一時。中年病聾，遂杜門不出，以栽花看書爲樂，喜爲作記序疏表諸雜文。嘉慶己卯，咸豐辛亥二次，纂修邑志皆與之，享壽八十三終。清吳應廉《光緒　定安縣志》卷之六（列傳志：人物），有傳。

莫紹謙，暮少子，字牧堂，號地山，東廂南山人。能詩善書，克傳家法，剛方自持，樂善嫉惡，少爲里黨所

器，事出於誠，言不及私。由廩貢銓合浦教諭，年七十未任卒。清吳應廉《光緒　定安縣志》卷之六（列傳志：人物），有傳。

鄺廷玉，定安人，生員，同纂邑志。

胡威鳳，定安人，增生，同纂邑志。

C5005　定安縣志

（清）梅占元修　王映斗纂　　咸豐四年（1854）佚

依據清‧吳應廉《光緒　定安縣志》卷首刊載：〈舊志同修姓氏〉著錄。

梅占元，貴州省安順府普定縣人。清道光初年間舉人，於道光三十年（1850）任定安知縣。咸豐元年（辛亥）至四年（甲寅）間（1851～1854），鑑修邑志。平易可親，在任平定境內匪賊，民獲安堵後，調徐聞卒於任，著有〈經餘廣類〉行於世。清‧吳應廉《光緒　定安縣志》卷之四（職官志：宦蹟），有傳。

胡蓉鏡，字蘅珊，廣東省順德縣人。清道光十二年（1832）壬辰順天榜舉人，於二十九年（1849）任縣學訓導，咸豐元年至四年（1851～1854）間，檢修邑志。

王映斗，字運中，號漢橋，又號瀚嶠，世居西二圖春內村。清道光二十四年（1844）甲辰科孫毓桂榜二甲進士，由戶部雲南司員外郎，陞四川司郎中，擢鴻臚寺少卿。歷任太僕太常，奉天府丞提督學政，大理寺正卿，以年老乞歸。家居四年足跡不履公門，鄉里莫不欽仰，

卒年八十有一歲。所著詩文並公牘極夥，惟刊本家族譜存於家，其餘雅不欲留稿焉。於咸豐元年至四年（1851～1854）間，總纂邑志。清吳應廉《光緒　定安縣志》卷之六（列傳志：人物），刊載詳傳。

據清·吳應廉《光緒　定安縣志》卷首刊載：〈舊志同修姓氏〉、除鑑修、檢修、總纂者外，尚有分纂四員，參校五員，編輯六員，繕寫七員，校刊二員，採訪二員，管帳一員，共計三十人。其開館規模之大，參與修志者之眾，實為歷次纂修之冠矣。

C5006　文昌縣志

（清）鄧生柏修　吳廷縉纂　　康熙元年（1662）

佚

(一)知見書目

阮　元《道光　廣東通志》卷一百九十二（藝文略四）：文昌縣志　國朝鄧生柏修　吳廷縉輯　未見

見馬志（馬日炳《康熙　文昌縣志》）

謹案：生柏康熙元年任知縣，廷縉時任訓導。

杜定友《廣東方志目錄》（頁十七）：文昌縣志　鄧生柏　吳廷縉　　康熙元年

陳劍流《海南簡史》（頁八二）：文昌縣志（十卷）清邛生柏、吳廷縉編　康熙八年

註：陳著此志（十卷），於康熙八年（1669）修，

未知所據何本，尚待方家查考。且鄧生柏亦誤爲邛生柏，宜補正之。

楊德春《海南島古代簡史》（頁一五七）：文昌縣志，卷數未詳，清鄧生柏・吳廷縉編纂，已佚。

(二)纂者事略

鄧生柏，廣西全州人。清順治十七年（1660）庚子科舉人，康熙元年（1662）銓任文昌知縣，與縣學訓導吳廷縉倡修邑志。在任丈出糧，修縣署，後以告劾去職。

吳廷縉，廣東高要人。以歲貢任縣學訓導，康熙元年協修邑志。

C5007　文昌縣志

（清）沈　肜修　歐陽敬纂　　康熙九年（1670）

佚

(一)知見書目

阮　元《道光　廣東通志》卷一百九十二（藝文略四）：文昌縣志　國朝沈　肜修　歐陽敬輯　　未見

康熙庚戌序載馬志（馬日炳《康熙　文昌縣志》），敬時任訓導。

杜定友《廣東方志目錄》（頁十七）：文昌縣志　沈　肜　歐陽敬　　康熙九年

陳劍流《海南簡史》（頁八二）：文昌縣志（十卷）

沈　彤、歐陽敬等編　康熙十年

　　楊德春《海南島古代簡史》（頁一五七）：文昌縣志卷數未詳，沈　彬　歐陽敬編纂，康熙十年（公元一六七一年）刻本。

　　依據清馬日炳《康熙　文昌縣志》刊載：康熙九年（1670）沈　彪〈舊志序〉析觀，陳劍流《海南簡史》，楊德春《海南島古代簡史》二書，所著錄：卷數，沈彤或沈彬，康熙十年等資料，似有舛誤，未知所據何本，尚待方家查考。

(二)纂者事略

　　沈　彪，字澄思，號詹山，浙江歸安人。清順治十二年（1655）乙未科史大成榜三甲進士，於康熙六年（1667）任文昌知縣。九年（1670）庚戌，倡修邑志。折獄平允，案無留牘，爲政寬猛得宜，從無擾民，愛民重士，去日行李蕭然，闔邑號泣，送至郡城，樵夫牧豎皆出錢爲贐，一無所受。阮通志祀名宦

　　張岳崧《道光　瓊州府志》卷之三十一（官師志：宦績）、馬日炳《康熙　文昌縣志》卷之十（宦績志：名臣），有傳。

　　歐陽敬，廣東省肇慶府四會縣人。清順治十七年（1660）庚子歲貢，任文昌縣學訓導，協修邑志。

C5008　文昌縣志

（清）何　斌修　郭炳如纂　　康熙二十七年（1688）刻本　佚

　　(一)知見書目

　　阮　元《道光　廣東通志》卷一百九十二（藝文略四）：文昌縣志　國朝何　斌修　郭炳如輯　存

　　　　康熙戊辰序載馬志（馬日炳《康熙　文昌縣志》），炳如時任教諭。

　　杜定友《廣東方志目錄》（頁十七）：　文昌縣志　何　斌　郭炳如　康熙二十七年

　　陳劍流《海南簡史》（頁八三）：文昌縣志（十卷）何　斌　郭炳如等編　康熙二十七年

　　楊德春《海南島古代簡史》（頁一五七）：文昌縣志十卷　清·何　斌、郭炳如編纂　康熙二十七年（公元一八八八年）刻本

　　註：陳劍流、楊德春著錄：此志十卷，未知所據何本，尚待方家查考。

　　(二)纂者事略

　　何　斌，浙江仁和人。監生，選文昌知縣，康熙十九年（1680）庚申抵任。續修邑志，修學宮、設社學、延師以教童稗。移建城隍廟，修衙署，諸務畢舉。陞瓊州府同知，後以黎案告劾去職。馬日炳《康熙　文昌縣志》卷之十（官續志：名臣），有傳。

郭炳如，廣東番禺人。清康熙年間歲貢，於二十年（
1681）銓任縣學教諭，二十七年（ 1688）協修邑志。

C5009　文昌縣志　十六卷

（清）劉彬華纂修　　同治年間　刊本　佚

(一)知見書目

杜定友《廣東方志目錄》（頁十七）：文昌縣志　十
六卷　劉彬年　　同治年

註：杜著劉彬年，或係手抄錯失，宜補正之。

陳劍流《海南簡史》（頁八十五）：文昌縣志（十六
卷）　劉彬華等修　　同治×年

李景新《廣東方志總目提要》（頁一二一）：文昌縣
志　十六卷　劉彬華纂修　　同治年刊本　八冊　嶺南

朱士嘉《中國地方志綜錄》（頁十四）：文昌縣志
十六卷　劉彬華纂修　　同治　嶺南大學圖書館藏

楊德春《海南島古代簡史》（頁一五八）：文昌縣志
十六卷　清劉彬華修　　同治年間（公元1862～1874
）刊行

劉彬華，里籍、出身、事略，未詳。

C5010　會同縣志

（清）曹之秀修　梁英裘纂　　康熙八年（1669）梓
本　佚

(一)知見書目

阮　元《道光　廣東通志》卷一百九十二（藝文略四）：會同縣志　國朝曹之秀修　梁英裘輯　未見

萬志：英裘字治爲，康熙四年任訓導，己酉纂修邑志。

杜定友《廣東方志目錄》（頁十七）：會同縣志　曹之秀修　梁英裘纂　康熙八年

陳劍流《海南簡史》（頁八二）：會同縣志（五卷）曹之秀、梁英裘編　康熙八年

註：陳著此志（五卷），未知所據何本，尚待方家查考。

楊德春《海南島古代簡史》（頁一五八）：會同縣志，卷數未詳。清曹之秀、梁英裘編纂，康熙八年（公元一六六九年）刊行。

(二)纂者事略

曹之秀，奉天府（遼寧省）蓋平縣人。廩生（通志作監生），清康熙七年（1668）涖任，康熙十四年（1675）乙卯，陞瓊州府同知，離任。著有：會同縣八景詩〈端山聳翠〉、〈佛子露頭〉，刊於陳述芹《嘉慶　會同縣志》卷之九（藝文志）。

梁英裘，字治爲，廣東省順德縣（番禺籍：見番禺志。阮通志職官表作順德）人。順治歲貢，康熙四年（

1665）任會同縣學訓導，於八年（1669）己酉，纂修邑志。

清陳述芹《嘉慶　會同縣志》卷之七（秩官志：名宦）、張岳崧《道光　瓊州府志》卷之三十一（官師志：宦績），有傳。

C5011　會同縣志

（清）胥錫祚修　吳　雋纂　康熙二十六年（1687）修　佚

(一)知見書目

阮　元《道光　廣東通志》卷一百九十二（藝文略四）：會同縣志　國朝胥錫祚修　吳　雋輯　未見
康熙丁卯序載萬志，雋時任訓導。

杜定友《廣東方志目錄》（頁十八）：會同縣志　胥錫祚修　吳　雋纂　康熙二十六年

陳劍流《海南簡史》（頁八三）：會同縣志（十卷）胥錫祚、吳　雋等編　康熙二十八年
註：陳著此志（十卷），未知所據何本，尚待查考。且康熙二十八年有誤，宜補正之。

楊德春《海南島古代簡史》（頁一五八）：會同縣志，卷數未詳。胥錫祚、吳　雋編纂，康熙二十六年（公元一六八七年）刊行。

㈡纂者事略

胥錫祚，山東灘縣人。附監，康熙二十一年（1682）任會同知縣，在職六年，政聲裴然。於康熙二十七年（1688）戊辰，陞湖廣荊州同知，離任。

依據清陳述芹《嘉慶　會同縣志》載：康熙二十六年（丁卯）修志姓名，計同修二人。茲參證相關資料，分別著述於次，以供參考。

吳　雋，廣東番禺人。拔貢，康熙二十一年（1682）壬戌，任會同縣學教諭，同修邑志。於三十一年（1692）丁難，離任。雋留心造士，捐俸置田，資助賓興，士子霑恩。案記詳學校藝文，崇祀名宦。

清陳述芹《嘉慶　會同縣志》卷之七（秩官志：名宦）有傳，所著：記（四篇）、〈會同八景〉七言詩（五首），刊載於清陳述芹《嘉慶　會同縣志》卷之九（藝文志）。

鍾昌齡，廣東合浦人。清康熙二十五年（1686）丙寅，任會同縣學訓導，同修邑志，於二十九（1690）庚午離任。

C5012　會同縣志

（清）于　暲修　盧日光纂　乾隆三年（1738）佚傳

㈠知見書目

阮　元《道光　廣東通志》卷一百九十二（藝文略四
）：會同縣志　國朝于　暲修　盧日光輯　未見

乾隆戊午序載萬志，日光時任教諭。

陳劍流《海南簡史》（頁八四）：會同縣志（五卷）
于　暲　盧日光編　乾隆三年

楊德春《海南島古代簡史》（頁一五八）：會同縣志
十卷　于　暲　盧日光編纂　乾隆三年（公元一七三
八年）刊本

註：本志卷數，著錄迥異。陳著「五卷」，楊著「十
卷」，未知所據何本，尚待查考。

(二)纂者事略

于　暲，北直（今河北省）順天府大興縣人。清雍正
十一年（1733）癸丑科陳　倓榜三甲進士，於乾隆元年
（1736）十二月任會同知縣。明決清廉，案無留牘，嚴
飭吏役，戶頌平寧。乾隆七年（1742）八月，陞理猺同
知，離任。

盧日光，本姓梁，廣東省廣州府順德縣人。清康熙五
十年（1711）辛卯科副榜，於雍正十年（1732）任會同
儒學教諭，乾隆三年（1738）纂修邑志，至十三年（
1748）四月卒於任。

C5013　儋州志

（清）沈一成修　　康熙二十八年（1689）序　刻本

佚

(一)知見書目

阮　元《道光　廣東通志》卷一百九十二（藝文略四）：儋州志　國朝沈一成修　佚　康熙己巳序載韓志

杜定友《廣東方志目錄》（頁十八）：儋州志　沈一成修　康熙二十八年　原佚

陳劍流《海南簡史》（頁八十三）：儋州縣志（十卷）　沈一成編　康熙二十八年

註：陳著：本志題名《儋州縣志》、卷數（十卷），所據何本，尚待方家查考。

楊德春《海南島古代簡史》（頁一五九）：儋州志卷數未詳。清沈一成修，康熙二十八年（公元一六八九年）刻本，已佚。

(二)纂者事略

沈一成，奉天府（今遼寧省瀋陽縣）人。清康熙十四年（1675）乙卯科舉人，於二十六年（1687）丁卯任儋州知州，二十八年（1689）續修州志，迨康熙三十年（1691）離任，卒於郡，祀州名宦。

王國憲《民國　儋縣志》卷十五（官師志：宦績），有傳。

C5014　萬州志

（清）汪長齡修　　嘉慶二十四年（1819）修　繕本
（未刊）　佚

依據清胡端書《道光　萬州志》載：〈嘉慶二十四年
己卯纂修繕本姓氏〉著錄，除主修汪長齡（知州）外，
尚有分纂：楊士錦（拔貢）、楊爲麟（恩貢）、朱照南
（恩貢）、吳鳴岐（歲貢）、陳元緒（廩貢）五人，繕
書：楊經腴（府貢）、朱桂森（廩貢）、文繼宗（廩生
）、楊爲儒（廩生）四人。

汪長齡，字西庭，號學山，山東省歷城縣人。清乾隆
四十六年（1781）辛丑科錢棨榜二甲進士，歷任四川秀
山、浙江奉化、廣東惠來、番禺知縣，於嘉慶十三年（
1818）陞萬州知州。以重法治，民安其業，課士得異才
，捐俸修葺書院，士林重之，疾卒於官，享年七十一。
毛承霖《續修　歷城縣志》卷三十九（人物志：列傳）
，載有事略。

C5015　陵水縣志

（清）高首標修　　康熙十三年（1674）修成　繕本
（未梓）　佚

(一)知見書目

阮　元《道光　廣東通志》卷一百九十二（藝文略四
）：陵水縣志　國朝高首標撰　　未見

瞿志：首標山西汾州人，進士，康熙十年任，是

時天下初平，陵界海黎屢遭蹂躪，文章漂沒，耆碩散亡，首標起而進之，甲寅志成。

杜定友《廣東方志目錄》（頁十九）：陵水縣志　高首標　康熙十年

　　註：杜著此志康熙十年（1671）辛亥，未知所據何本，尚待方家查考。

陳劍流《海南簡史》（頁八三）：陵水縣志（十卷）高首標編　康熙十三年

　　註：陳著此志十卷，未知所據何本，尚待查考

楊德春《海南島古代簡史》（頁一五九）：陵水縣志，未詳卷數，清高首標編纂，康熙十三年（公元一六七四年）修成刊行。

(二)纂者事略

高首標，山西省汾州府永寧州人。清順治十六年（1659）己亥科徐元文榜三甲進士，吏部主事。康熙十年（1671）辛亥任陵水知縣，奉檄纂修邑乘，於康熙十三（1674）甲寅志成。

C5016　陵水縣志

　　（清）衛晞駿修　　乾隆二十八年（1763）　刻本佚

(一)知見書目

阮　元《道光　廣東通志》卷一百九十二（藝文略四）：陵水縣志　國朝衛晞駿修　　未見　乾隆癸未序載瞿志

　　註：瞿志係指瞿雲魁《乾隆　陵水縣志》

杜定友《廣東方志目錄》（頁十九）：陵水縣志　衛晞駿　　乾隆二十八年

陳劍流《海南簡史》（頁八十四）：陵水縣志（十卷）　衛晞駿編　乾隆二十八年

　　註：陳著本志（十卷），未知所據何本，尚待方家
　　　　查考。

楊德春《海南島古代簡史》（頁一六〇）：陵水縣志，卷數未詳，清衛晞駿編纂，乾隆二十八年（公元一七六三年）刻本。

(二)纂者事略

衛晞駿，陝西韓城人。清乾隆十九年（1754）甲戌科莊培因榜二甲進士，由儀徵文昌，見任興寧知縣。於乾隆二十八年（1763）癸未，倡修陵水縣志。

C5017　吉陽錄

　　（清）黎上升纂　　原佚

依據清鍾元隸修、張　巂纂《光緒　崖州志》卷之十五（職官二：訓導）著錄。

黎上升，廣東省四會縣人。歲貢，於清康熙年間，銓

任崖州儒學訓導。勤月課，清冒藉，造三連卷，所著有
《吉陽錄》、《南游記》。（未見傳本）

C5018　崖州志

　　（清）張擢士修　　康熙年間修　佚

　　　　㈠知見書目

　　阮　元《道光　廣東通志》卷一百九十二（藝文略四
）：崖州志　國朝張擢士修　　未見
　　　　宋志：擢士江南通州人，康熙間任，纂修舊志。
　　　　謹案：擢士康熙七年任知縣。
　　杜定友《廣東方志目錄》（頁十九）：崖州志　張擢
士　　康熙七年
　　楊德春《海南島古代簡史》（頁一六〇）：崖州志
未詳卷數，清張擢士編纂，已佚。

　　　　㈡纂者事略

　　張擢士，江南通州（今江蘇南通）人。貢生，曾任湖
廣（今湖北省）孝感知縣，於清康熙七年（1668）任崖
州知州，纂修舊志。

C5019　崖州志

　　（清）李如柏修　　康熙三十三年（1694）序　佚
　　　　㈠知見書目

阮　元《道光　廣東通志》卷一百九十二（藝文略四）：崖州志　國朝李如柏修　　未見　康熙甲戌序載宋志

杜定友《廣東方志目錄》（頁十九）：崖州志　李如柏　　康熙三十三年

楊德春《海南島古代簡史》（頁一六〇）：崖州志未詳卷數，清李如柏編纂，康熙三十三年（公元一六九四年）刻本，已佚。

(二)纂者事略

李如柏，遼東（鑲白旗）人。監生，清康熙二十七年（1688）任崖州知州。於三十三年（1694）甲戌，纂刻《舊志》，序載張志，惟纂本罕見，藏版佚傳，殊深憾惜。

C5020　感恩縣志

（清）崔國祥修　　康熙十一年（1672）序　佚。

(一)知見書目

陳劍流《海南簡史》（頁八二）：感恩縣志（十卷）崔國祥編　康熙十一年

　註：陳著本志（十卷），未知所據何本，尚待方家
　　查考。

楊德春《海南島古代簡史》（頁一六〇）：感恩縣志

，卷數未詳，清崔國祥編纂，康熙十一年（公元一六七二年）刊本。

(二)纂者事略

崔國祥，遼東三韓人。拔貢，初任南靜知縣，於清康熙十年（1671）起任感恩知縣，在任創修邑志。

C5021　感恩縣志　十卷

（清）姜　焯修　李　茂纂　　康熙四十四年（1705）　刻本　佚

(一)知見書目

阮　元《道光　廣東通志》卷一百九十二（藝文略四）：感恩縣志　國朝姜　焯修　　闕　　康熙乙酉

杜定友《廣東方志目錄》（頁一十八）：感恩縣志十卷　姜　焯　　康熙四十四年

陳劍流《海南簡史》（頁八十二）：感恩縣志（十卷）　李　茂修編　　康熙四十四年

楊德春《海南島古代簡史》（頁一六〇）：感恩縣志十卷，清姜焯、李茂等編纂，康熙四十四年（公元一七〇五年）刻本。

(二)纂者事略

姜　焯，字曦睦，山東省萊州府昌邑縣人（乃廩貢士模之子，醇謹友愛，敦睦親族）。歲貢，清康熙三十七

年（1698）十二月蒞任，於四十四年（1705）續修邑志
。在任十三年，擢陞江南徐州知州，所至有政聲。祀名
宦祠

　　清蕭應植《乾隆　瓊州府志》卷五（職官志：名宦）
、張岳崧《道光　瓊州府志》卷之三十一（官師志：宦
績下）、周文海《民國　感恩縣志》卷之十六（官績志
：名宦），皆有傳。

　　李　茂，廣東省南海縣人。清康熙二十三年（1684）
甲子科副榜，銓任感恩儒學教諭。於四十四年（1705）
間，纂輯縣志（續修本）并序。

　　陳士宏，亦作士弘，廣東省德慶縣人。清康熙十一年
（1672）壬子科歲貢，銓任感恩儒學訓導。於四十四年
（1705），協修縣志。

　　劉俊邦，山東省陽穀縣人。清康熙年間歲貢，四十二
年（1703）任感恩典史，於四十四年（1705）同修縣志
。

　　依上《待訪錄》（佚書）所列資料顯示，吾瓊志乘之
纂修，肇始於晉，由於年代久遠，間遭兵火蠹蝕災害，致
梓本湮沒，藏版罕見，大都佚傳，對海南學術研究，其影
響既深且鉅，難作補救，殊爲痛惜。

　　從志書類別分析：本《海南方志待訪錄》，所著錄之
方志資料，計有：外紀三種（佔 5.77%），圖經五種（
佔9.62%）、志略二種（佔3.85%）、傳錄三種（佔5.77
%），志（稿）三十九種（佔75.00%）。於五大類中，

以志（稿）最多，圖經次之，外紀及傳錄二類列第三，志略殿末。於是顯見，海南方志資料，無論是梓本、繕本、稿本、草志（本），佚傳者眾，殊深感惜（見志書分類比率圖）。

志書分類比率圖

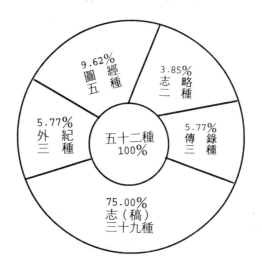

就志書特質觀察：本《海南方志待訪錄》，所著錄之方志資料，依行政區劃（瓊州府暨各州縣）排序，其名次：瓊州府九種（佔17.31％）居首位，定安縣八種（佔15.38％）居次，文昌縣六種（佔11.53％）居三，崖州五種（佔9.62％）第四，萬州、會同及陵水三縣均四種（各佔7.69％）並列第五，澄邁縣三種（佔5.77％）第六，儋州、瓊山、臨高、感恩四縣皆二種（分佔3.85％）同居第七，樂會縣一種（佔1.92％）殿末。由此顯見，瓊州府暨各州縣，志牒佚傳之嚴重性（見府州縣志分析圖）。

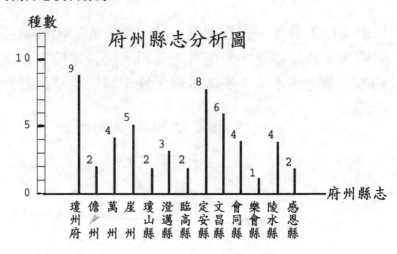

府州縣志分析圖

由修志朝代統計：吾瓊志乘之纂修，緣於晉代肇始，中經宋元明三代繼之，迨清一代，風尚蔚成，極為鼎盛。唯因年代久遠，保藏維護不易，間遭蠹魚蛀害在所難免，且兵戈瀕仍，流散佚傳者，計有五十二種，其中晉修本一種（佔1.92％）、宋修本九種（佔 17.31％）、元修本二種（佔3.85％），明修本一十九種（佔36.54％），清修本二十一種（佔40.38％）。以清修本最多，明修本亦不少，極為感痛（見修志朝代統計表）。

綜觀上列圖表及分析說明，更能體認《海南方志》資料，流散佚傳之嚴重性。從史學理念，曁方志學角度，於修志源流，根脈相承，構成《海南志書》完整體系。就文獻資料言之，深具史料參考價值，對海南學術研究，必有莫大助益，此亦筆者撰著《海南方志待訪錄》主要動機與最終目的。

修志朝代統計表

府州縣＼朝代	瓊州府	儋州	萬州	崖州	瓊山縣	澄邁縣	臨高縣	定安縣	文昌縣	會同縣	樂會縣	陵水縣	感恩縣	合計	百分比
晉代	1													1	1.92
宋代	4	1	1	1								2		9	17.31
元代					1		1							2	3.85
明代	4		2	1		2	1	5	2	1	1			19	36.54
清代		1	1	3	1	1		3	4	3		2	2	21	40.38
合計	9	2	4	5	2	3	2	8	6	4	1	4	2	52	
百分比	17.31	3.85	7.69	9.62	3.85	5.77	3.85	15.38	11.53	7.69	1.92	7.69	3.85		100

參考文獻資料

《正德 瓊臺志》 （明）上官崇修 唐 冑纂 民國
七十四年（1985） 臺北 新文豐出版社 影印本《
據天一閣藏 明正德十六年（1521）刊本》

《道光 廣東通志》（清）阮 元修 陳昌齊纂 民國
五十七年（1968） 臺北 華文書局 影印本《據清
道光二年（1822）修 同治三年（1864）重刊本》

《道光 瓊州府志》（清）明 誼修 張岳崧纂 民國
五十六年（1967） 臺北 成文出版社 影印本《據
清道光二十一年（1841）修 光緒十六年（1890）補
刊本》

《道光 萬州志》 （清）胡端書修 楊士錦纂 民國
三十七年（1948）鉛印本。

《光緒 崖州志》 （清）鍾元棣修 張 儁纂 民國
五十二年（1963） 廣東人民出版社 橫排本《據民
國三年（1914）鉛印本》

《民國 儋縣志》 彭元藻修 王國憲纂 民國六十三
年（1974） 臺北 成文出版社 影印本《據民國二
十五年（1936）五月 海南書局鉛印本》

《民國 瓊山縣志》 周 果修 王國憲纂 民國五十
三年（1964） 臺北 瓊山縣志重印委員會 影印本

《據清宣統三年（1911）開雕　民國六年（1917）刊
本　瓊山學校藏版》

《光緒　臨高縣志》（清）聶緝慶修　桂文熾纂　　民國
六十三年（1974）　臺北　成文出版社　影印本《據
清光緒十八年（1892）刻本　臨江書院藏版》

《光緒　定安縣志》（清）吳應廉修　王映斗纂　　民國
五十七年（1968）　臺北　定安縣志重印委員會　影
印本《據清光緒四年（1878）刊本　中央研究院史語
所暨日本東洋文庫藏版》

《咸豐　文昌縣志》（清）張　霈修　林燕典纂　　民國
七十年（1981）　臺北　文昌縣志重印委員會重印本
《據清咸豐八年（1858）刻本　蔚文書院藏版》

《嘉慶　會同縣志》（清）陳述芹修　周　瀚纂　　民國
六十三年（1974）　臺北　成文出版社　影印本《據
清嘉慶二十五年（1820）刻本　光緒二十七年（1901
）補刊　民國十四年（1925）鉛印本》

《康熙　樂會縣志》（清）林子蘭修　陳宗琛纂　　康熙
八年（1669）　手繕本

《康熙　樂會縣志》（清）程秉愃修　楊本蕃纂　　民國
七十三年（1984）　臺北新店　龔少俠（國大代表）
影印本《據清康熙二十六年（1687）修崇文齋傳鈔
本　美國哈佛大學燕京圖書館藏版》

《宣統　樂會縣志》　林大華纂修　　民國七十五年（
1986）十月　臺北新店　龔少俠（國大代表）　重印

本（據樂邑僑領符大煥氏藏《宣統　樂會縣志》手抄
　　影印本）

《民國　感恩縣志》　周文海修　盧宗棠纂　　民國五十
　　七年（1968）　臺北　成文出版社　影印本《據民國
　　二十年（1931）　海南書局承印鋁印本》

《海南簡史》　陳劍流　冼榮昌編著　　民國五十六年（
　　1967）　臺北　德明出版社

《海南島古代簡史》　楊德春著　　民國七十七年（1988
　　）　長春　東北師範大學出版社

《廣東方志目錄》　杜定友編　　民國三十五年（1946）
　　九月　廣東省立圖書館　油印本

《廣東方志總目提要》　李景新編著　　民國五十九年（
　　1970）三月　臺北　臺灣學生書局

《中國人名大辭典》　臧勵龢編　　民國六十一年（1972
　　）四月　臺北　臺灣商務印書館

《明清進士題名碑錄索引》　文史哲出版社編輯　　民國
　　七十一年（1982）七月　臺北　文史哲出版社

《南方民族古史書錄》　呂名中編　　民國七十八年（
　　1989）六月　四川　民族出版社

《中國古方志考》　張國淦編　　民國六十三年（1974）
　　臺北　鼎文書局

中華民國八十一年（1992）壬申歲十一月八日　完稿

肆、附錄：著者暨書名索引

牛天宿（清）　〔康熙〕瓊郡志………… A0407　B3003

　　　五畫：永、甘

永　瑢（清）　〔嘉慶〕大清一統志（重修本）

　　　　　………………………………… A0205　B2005

甘家斌（清）　〔道光〕陵水縣志……… A0567　B5093

　　　六畫：朱

朱子虛（清）　〔康熙〕瓊郡志………… A0407　B3003

朱仲蓮（清）　〔康熙〕萬州志………… A0559　B4201

朱順昌（清）　〔康熙〕文昌縣志……… A0535　B5051

朱爲潮　　　　〔民國〕瓊山縣志……… A0507　B5015

朱廣瀾　　　　〔民國〕續修廣東通志… A0307

　　　七畫：汪、沈、宋、李、孛、阮、吳、何、佟、佚

汪　琭（清）　〔光緒〕臨高縣志……… A0517　B5032

汪長齡（清）　〔嘉慶〕萬州志………… A0560　C5014

沈　彪（清）　〔康熙〕文昌縣志……… A0533　C5007

沈一成（清）　〔康熙〕儋州志………… A0552　C5013

宋　人　　　　瓊州圖經………………… A1001　C2001

　　　　　　　吉陽軍圖經……………… A1003　C2006

　　　　　　　（萬安軍）圖經………… A1004　C2007

　　　　　　　瓊管志…………………… A0401　C2003

　　　　　　　瓊臺志…………………… A0402　C2004

　　　　　　　南寧軍志………………… A0550　C2005

　　　　　　　陵水縣志………………… A0562　C2009

宋　賢（明）　〔嘉靖〕定安縣志……… A0521　C4011

佚　名	瓊州志	A0411	B3007
佚　名（明）	〔永樂〕定安縣志	A5018	C4008

八畫：林、明、和、周、金

林　堪（明）	〔嘉靖〕澄邁縣志	A0508	C4005
林子蘭（清）	〔康熙〕樂會縣志	A0547	B5071
林大華	〔宣統〕樂會縣志	A0549	B5073
林帶英	〔民國〕文昌縣志	A0538	B5053
林夢貞（明）	〔崇禎〕文昌縣志	A0531	C4014
林隆斌（清）	〔道光〕瓊州府志	A0410	B3006
林燕典（清）	〔咸豐〕文昌縣志	A0536	B5052
明　誼（清）	〔道光〕瓊州府志	A0410	B3006
和　珅（清）	〔乾隆〕大清一統志（續修本）	A0204	B2004
周　果	〔民國〕瓊山縣志	A0507	B5015
周　瀚（清）	〔嘉慶〕會同縣志	A0544	B5062
周文海	〔民國〕感恩縣志	A0575	B5101
周廷鳳（明）	〔崇禎〕文昌縣志	A0531	C4014
周祚熙（清）	〔嘉慶〕定安縣志（草志）	A0526	C5004
金光祖（清）	〔康熙〕廣東通志	A0304	

九畫：洗、姜、胡、胥、茅

洗　靈（元）	臨高縣記	A0802	C3002
姜　焯（清）	〔康熙〕感恩縣志	A0574	C5021
胡端書（清）	〔道光〕萬州志	A0561	B4202

胥錫祚（清）　〔康熙〕會同縣志……… A0541　C5011

茅一桂（明）　〔萬曆〕萬州志………… A0558　C4018

十畫：高、唐、秦、馬、孫、桂、郝、徐

高首標（清）　〔康熙〕陵水縣志……… A0563　C5015

　　　　　　　〔康熙〕陵水縣志……… A0564　B5091

高魁標（清）　〔康熙〕澄邁縣志……… A0512　B5022

唐　胄（明）　〔正德〕瓊臺志………… A0405　B3001

唐丙章（清）　〔光緒〕儋州志………… A0554　B4103

秦大章（清）　〔康熙〕澄邁縣志……… A0511　C5002

馬　光（明）　〔弘光〕定安縣志……… A0522　C4012

馬日炳（清）　〔康熙〕文昌縣志……… A0535　B5051

孫一麟（明）　〔嘉靖〕定安縣志……… A0521　C4011

桂文熾（清）　〔光緒〕臨高縣志……… A0517　B5032

郝玉麟（清）　〔雍正〕廣東通志……… A0305

徐　淦　　　　〔民國〕瓊山縣志……… A0507　B5015

十一畫：梁、許、郭、黃、梅、曹、張、陳、崔、莫

梁廷佐（清）　〔康熙〕定安縣志……… A0523　B5041

　　　　　　　〔乾隆〕定安縣志……… A0525　B5042

梁英裘（清）　〔康熙〕會同縣志……… A0540　C5010

梁達廷（清）　〔嘉慶〕會同縣志……… A0544　B5062

梁鼎芬　　　　〔民國〕續修廣東通志… A0307

許朝瑞　　　　臨高采訪錄……………… A0701　B7001

郭　棐（明）　〔萬曆〕廣東通志……… A0303

郭金峨（清）　〔道光〕瓊州府志……… A0410　B3006

郭炳如（清）　　〔康熙〕文昌縣志………　A0534　C5008

黃　佐（明）　　〔嘉靖〕廣東通志………　A0302

黃　謙（明）　　〔景泰〕定安縣志………　A0519　C4009

黃厚德（清）　　〔乾隆〕崖州志…………　A0571　B4301

梅占元（清）　　〔咸豐〕定安縣志………　A0527　C5005

曹之秀（清）　　〔康熙〕會同縣志………　A0540　C5010

張　延（清）　　〔光緒〕臨高縣志………　A0517　B5032

張　岳（明）　　〔嘉靖〕廣東通志初稿…　A0301

張　崰（清）　　〔光緒〕崖州志…………　A0572　B4302

張　霈（清）　　〔咸豐〕文昌縣志………　A0536　B5052

張文豹（清）　　〔康熙〕定安縣志………　A0523　B5041

　　　　　　　　〔乾隆〕定安縣志………　A0525　B5042

張廷標（清）　　〔光緒〕瓊山鄉土志……　A0601　B6001

張岳崧（清）　　〔道光〕瓊州府志………　A0410　B3006

張擢士（清）　　〔康熙〕崖州志…………　A0569　C5018

陳丕顯（明）　　〔嘉靖〕定安縣志………　A0521　C4011

陳天睍（明）　　〔弘光〕定安縣志………　A0522　C4012

陳宏周（明）　　〔萬曆〕會同志略………　A0539　C4015

陳宗琛（清）　　〔康熙〕樂會縣志………　A0547　B5071

陳述芹（清）　　〔嘉慶〕會同縣志………　A0544　B5062

陳昌齊（清）　　〔道光〕廣東通志………　A0306

陳所能（清）　　〔光緒〕澄邁縣志………　A0514　B5024

陳起禮（清）　　〔咸豐〕文昌縣志………　A0536　B5052

陳景塤（清）　　〔乾隆〕瓊州府志………　A0409　B3005

楊縉銓（清）　〔乾隆〕會同縣志………　A0543　B5061

董　綾（明）　〔萬曆〕儋州志………　A0551　B4101

董興祚（清）　〔乾隆〕定安縣志………　A0525　B5042

葉　懋（明）　〔嘉靖〕文昌縣志………　A0530　C4013

十四畫：廣、趙、蓋

廣東通志館　〔民國〕廣東通志稿………　A0308

趙汝廈（宋）　瓊管圖經……………………　A1002　C2002

蓋　泓（晉）　珠崖傳…………………………　A0901　C1001

十五畫：潘、鄭、鄧、歐、樊、蔣、蔡、黎、魯、劉

潘廷侯（清）　〔康熙〕瓊山縣志………　A0503　B5011

　　　　　　　〔康熙〕陵水縣志………　A0564　B5091

鄭文彩（清）　〔咸豐〕瓊山縣志………　A0506　B5014

鄭廷鵠（明）　瓊志稿……………………　A0403　C4003

鄭敦復（明）　古寧野記……………………　A0803　C4017

鄧生柏（清）　〔康熙〕文昌縣志………　A0532　C5006

鄧桂芳（明）　〔萬曆〕會同志略………　A0539　C4015

歐陽敬（清）　〔康熙〕文昌縣志………　A0533　C5007

歐陽璨（明）　〔萬曆〕瓊州府志………　A0406　B3002

樊　庶（清）　〔康熙〕臨高縣志………　A0516　B5031

蔣廷錫（清）　〔雍正〕大清一統志（初修本）

　　　　　　　……………………………　A0203　B2003

蔡　微（元）　瓊海方輿志……………………　A0501　C3001

蔡　群（清）　〔乾隆〕陵水縣志………　A0566　B5092

蔡　藩（清）　〔咸豐〕瓊山縣志………　A0506　B5014

撰 者 專 著

一、中華民國企業管理資料總錄
　　　　民國六十八年　臺北市　哈佛企業管理顧問公司印行

二、公文寫作指南
　　　　民國七十二年　臺北市　文史哲出版社印行

三、縮影圖書資料管理
　　　　民國七十二年　臺北市　文史哲出版社印行

四、海南文獻資料簡介
　　　　民國七十二年　臺北市　文史哲出版社印行

五、縮影問題與分析
　　　　民國七十五年　臺北市　文史哲出版社印行

六、海南文獻資料索引
　　　　民國七十七年　臺北市　文史哲出版社印行

七、日文海南資料綜錄
　　　　民國八十二年　臺北市　文史哲出版社印行